인공지능 윤리를 부탁해

인공지능 윤리를 부탁해

1판 1쇄 발행 2024년 6월 20일
1판 3쇄 발행 2024년 12월 15일

지은이 ㅣ 허유선
펴낸곳 ㅣ 도서출판 나무야
펴낸이 ㅣ 송주호
편집 ㅣ 강선정
편집디자인 ㅣ 이음
종이 ㅣ 신승지류유통(주)
인쇄 제본 ㅣ 상지사 P&B
등록 ㅣ 제307-2012-29호(2012년 3월 21일)
주소 ㅣ (03424) 서울시 은평구 서오릉로 27길 3, 4층
전화 ㅣ 02-2038-0021
팩스 ㅣ 02-6969-5425
전자우편 ㅣ namuyaa_sjh@naver.com
인스타그램 ㅣ @namuyabook

ISBN 979-11-88717-36-1 43190
© 허유선

인공지능 윤리를 부탁해

허유선

AI 리터러시,
인공지능 기술과 윤리를 이해하는 능력!

Namuyaa Publisher

머리말

인공지능 시대,
우리 모두의 고민이 필요해

오늘 하루는 어떻게 보내셨나요. 인공지능이 우리와 늘 함께한다는 것을 여러분은 얼마나 알고 계시나요. 우리는 배달의 민족으로 음식 주문을 하고, 유튜브로 새로운 소식을 알며, 인스타그램으로 소통하고, 챗GPT에게 과제를 물어보기도 합니다. 시리, 빅스비, 기가지니 같은 인공지능 비서에게 날씨를 알려 달라거나 음악을 찾아 달라고 부탁하기도 하지요. 인공지능 비서는 혼자 사는 어르신들의 말벗이 되기도 하고 119에 대신 연락해 주기도 합니다. 챗봇 상담도 우리가 일상적으로 활용하는 인공지능 기술 가운데 하나입니다. 인공지능이 취업 면접에서 사람을 평가하기도 하고요. 이제는 정말 인공지능과 함께 살아가는 시대라고 할만합니다.

앞으로는 인공지능의 활용이 더욱 늘어날 것 같습니다. 인공지능은 우리의 일상에 이미 영향을 주고 있고, 실제로 우리는 많은 부분에서 인공지능의 도움을 받고 있습니다. 하지만 그에 비해 우리가 인공지능에 대해 잘 알고 있는 것 같지는 않습니다. 인공지능이 무엇인지, 로봇하고 어떻게 다른지 정확하게 설명하는 것부터가 쉬운 일은 아니지요.

인공지능이 낳고 있는 사회적 문제들에 대해서는 어떤가요. 인공지능은 연예인에 대한 악의적인 딥페이크 영상을 만들기도 하고, 가짜 정치 뉴스를 만들어 퍼뜨리기도 합니다. 네덜란드에서는 세금을 청구하는 인공지능이 잘못 작동하는 바람에 실제로 세금을 낸 사람을 범죄자로 취급해서 큰 문제가 되기도 했습니다. 코로나가 한창 심할 때 영국은 우리나라의 수능 시험에 해당하는 고등학교 졸업시험을 인공지능 알고리즘이 예측한 점수로 대체하기로 했습니다. 그러나 인공지능이 부유한 지역의 사립고등학교에 다니는 학생과 상대적으로 소득 수준이 낮은 지역의 공립고등학교에 다니는 학생의 점수를 차별해서 전국적인 시위 끝에 알고리즘 사용을 취소하기로 한 일도 있었습니다. 우리나라에서는 인공지능 면접 시스템이 문제가 되어 소송까지 간 사례도 있었고요. 인공지능이 널리 쓰일수록 이러한 문제들과 그 여파 또한 더욱 커질 것처럼 보입니다.

그렇다면 우리는 어떻게 해야 할까요? 이제부터 우리는 이 문제를 함께 고민하려 합니다. 이를 위해 인공지능과 관련하여 생기는 사회적 문제와 그 원인을 살펴볼 것입니다. 원인을 알아야 문제를 풀 수 있으니까요. 인공지능과 사회적 문제에 대해 다루는 것을 '인공지능 윤리'라고 하는데요, 그래서 처음에는 인공지능이 무엇인지, 인공지능 윤리가 무엇인지를 먼저 소개할 것입니다. 그런 다음 인공지능 윤리의 주요 과제들을 여러 사례와 함께 제시하면서 그 원인과 대응책을 함께 생각해 볼 것입니다. 특히 두 번째 장은 책을 다 읽고 나서 다시 한번 보면 새롭게 다가오는 것이 있을 것 같습니다.

이 글은 인공지능 윤리에 대한 저의 연구성과와 2020년에 진행된 동국대학교 철학과 전공 수업 '인공지능 시대의 철학·과학·종교'를 토대로 쓴 것입니다. 그밖에도 세계 여러 나라와 주요 국제기구의 인공지능 원칙 및 윤리 가이드라인(EU, OECD, 대한민국, UNESCO 등), 하버드 버크만 클라인 센터의 발간물(2019) 등을 참조했습니다. 인공지능 윤리의 주요 논제에 관심 있는 분들은 더 찾아봐도 좋겠습니다. 청소년부터 읽을 수 있게 되도록 쉬운 말로 풀어서 썼고, 서로의 생각을 나눠볼 수 있게 주제별로 토론할 거리를 제시했습니다.

이 책을 읽는 동안 많은 질문과 상상이 함께하길 바랍니다. 인공지능은 어느 날 갑자기 나타난 것이 아니라 '기계도 생각할 수 있을까?'

라는 상상과 질문에서 탄생했기 때문입니다. 우리가 지금부터 어떤 상상을 하고 무엇을 고민하며 질문하느냐에 따라 미래의 인공지능으로부터 영향받게 될 우리 삶 또한 달라질 것입니다. 내가 생각하는 좋은 삶, 좋은 사회를 만들기 위해서는 어떤 상상과 질문이 필요할까요. 또 그런 삶과 사회에 인공지능이 도움이 되게 하려면 어떤 것을 고민하면 좋을까요. 우리가 무엇을 옳다고 생각하는지, 인공지능을 어떻게 만들고 활용해야 할지 생각함에 따라 우리의 미래도 달라집니다. 여러분이 만들어 갈 인공지능과 미래 사회의 모습이 궁금하고 기대됩니다.

차례

1

인공지능,
넌 누구?

여러분이 좋아하는 친구는 누구인가요? 여러분은 그 친구의 어떤 점을 좋아하나요? 제가 아는 한 친구는, 제가 슬프고 아파할 때 열심히 이야기를 들어준 다음 마치 그 이야기가 엄청 웃긴 이야기인 것처럼 농담을 건넵니다. 덕분에 와하하 웃으면서 아프고 슬픈 일을 조금은 가볍게 느낄 수 있습니다. 저는 언제라도 웃음이 터져 나오게 만드는 그 친구가 무척 멋지고 부럽다고 생각했습니다. 우연히 같은 반이 되어서, 어쩌다 보니 같은 동네에 살고 있어서 친구가 되기도 하지만, 그런 친구 관계가 계속해서 좋은 관계로 이어지려면 서로를 아끼고 배려하는 마음이 있어야 합니다. 좋아하니까 만나고 싶고, 같이 이야기하고 싶고, 놀고 싶고, 헤어지면 또다시 보고 싶은 것 아니겠어요. 그렇다면 우리는 인공지능과도 친구가 될 수 있을까요?

인공지능, 너의 정체는?

친구가 되려면 일단 만날 수 있어야 합니다. 세상에 어떤 사람이 있다는 것을 알아야 비로소 그 사람과 친구가 될 것인지 정할 수 있을 테니까요. 물론 오늘날에는 직접 얼굴을 보는 것만이 아니라 온라인 게임, 인스타그램이나 트위터를 비롯한 SNS(Social Network Service : 사회관계망 서비스), 유튜브 채널의 커뮤니티 같은 디지털 플랫폼 서비스에서 서로를 만나기도 합니다. 어쨌든 있는지도 모르는데 친구가 될 수는 없으니 일단 그 존재가 내 앞에 나타나야 할 것 같습니다.

그런 의미에서 인공지능은 우리의 친구가 될 아주 기초적인 자격을 갖추고 있습니다. 우리는 이미 인공지능 기술을 활용하고 있으니까요. 스마트폰의 쉬리, 빅스비, 네이버 클로바 같은 인공지능 비서, 나도 모르는 사이 점점 빠져들게 되는 유튜브의 추천 알고리즘, 검색엔진의 자동검색어 완성, 가격 비교 검색 서비스의 상품 검색 결과 안내, 매일 보는 뉴스의 선정과 배치, 배달의 민족이나 요기요 같은 배달 주문 플랫폼, 카카오 택시 호출 서비스, 내 취향을 분석하여 콘텐츠를 제공하는 멜론(음원 서비스)이나 넷플릭스(영상 구독 서비스) 등이 우리가 일상에서 자주 만나는 인공지능 기술입니다. 하지만 이것만으로 친구가 되기에는 부족해 보입니다. 아직 인공지능의 정체를 잘 안다고 말하기는 어려우니까요. 물론 상대의 모든 것을 알아야 친구가 되는 것은 아닙니다. 그래도 잘 모르겠다는 기분이 드는 상대보다는 어쩐지 알 것 같고, 어쩐지 좋은 기분을 느끼게 해 주는 사람과 친구가 되고 싶은 게 아무래도 자연스럽잖아요.

인공지능의 정체를 알려 주는 단서는 '인공지능'이라는 이름 자체에 있습니다. 인공지능(Artificial Intelligence)은 말 그대로 '인공적으로 만드는 지능'입니다. 그러나 이 지능은 얼마나 똑똑한지를 평가하는 IQ와는 달리 '지적인 능력'을 의미합니다. 지적인 능력은 신체적 능력과 대조하면 이해하기 쉽습니다. 달리기를 생각해 봅시다. 달리려면 팔다리의 움직임이 필요한데, 팔다리는 그냥 움직여지는 것이 아닙니다. '달리자!'라는 결심도 필요하고, 넘어지지 않게 주위를 잘 살피고, 차량이나 다른 사람과 부딪히지 않게 도로 한쪽으로 피하는 능력도 필요합니다. 이런 행동은 우리의 신체 능력만이 아니라 집중하고, 비교하며, 이해하고, 결정하는 능력이 있어야 가능합니다. 이런 능력이 바로 지적인 능력이고, 단순명료하게 말하면 '생각하는 힘'입니다.

로봇과 인공지능

사람의 지적인 능력은 인간 지능(Human Intelligence), 혹은 원래부터 세상에 있었다는 의미에서 인공지능과는 대조적으로 '자연 지능(Natural

Intelligence)'이라고도 합니다. 그래서 인공지능은 사람의 생각하는 힘을 기준으로 정해집니다. 인공지능은 기계가 수행하는 일 중에서 '사람에게 생각하는 힘을 요구하는 업무나 과제를 대신하는 기계'이자, '그러한 기계를 만들려는 연구 분야' 전체를 뜻하는 말이기도 합니다. 기술이기도 하고 학문이기도 한 것이지요. 그러나 지적인 능력, 다시 말해 생각하는 힘을 기준으로 사람이 일부러 만든다는 점이 핵심입니다.

그리고 바로 그 '생각하는 힘'에서 로봇과 인공지능의 차이가 생깁니다. 1920년, 체코슬로바키아의 작가 카렐 차페크는 그의 형이 생각해 낸 '로봇'이라는 말을 자신의 이야기 속에 등장시켜 처음으로 세상에 알렸습니다. 체코어 '로보타(robota)'에서 힌트를 얻었는데, 지적인 능력보다는 '일을 대신한다'에 초점이 맞춰져 있습니다. 그러므로 로봇이 무조건 인공지능은 아닙니다. 인공지능을 갖춘 로봇도 있고 그렇지 않은 로봇도 있는 것이지요. 예를 들어 요즈음에는 로봇이 커피를 만들어 주는 무인 커피 가게가 있습니다. 그 로봇은 사람 대신 커피를 만들지만 인공지능을 갖추고 있지는 않습니다. 보통 인공지능을 갖춘 로봇은 생각하는 힘을 강조하기 위해 스마트 로봇(Smart Robot) 혹은 지능형 로봇(Intelligent Robot)이라고 부릅니다.

그렇다면 어느 정도의 생각하는 힘이 있어야 인공지능이라고 할 수 있을까요? 사람만큼 생각하거나 사람과 똑같은 방식으로 생각해야 할까요? 아니면 사람보다 더욱 똑똑하게 생각해야 할까요?

어느 정도의 생각하는 힘을 갖춰야 인공지능이라고 할 수 있을지 그 기준을 정하는 일은 무척 까다롭습니다. 인간의 생각은 아주 다양한 일을 아주 다양한 방식으로 펼칠 수 있기 때문입니다. 아까 말했듯이 신체적 능력과 대비되는 것으로서의 생각하는 힘을 이해한다면, 생각의 범위는 매우 넓어집니다. 어떤 문제를 해결하는 일을 넘어 더 나은 상상을 하고, 호기심이나 사랑을 느끼고, 슬픔을 참고 견디며 다른 사람과 소통하는 능력 등이 모두 포함되거든요. 이 모든 것을 다 더하면 그것이 바로 '마음'이고, '마음의 능력'이 됩니다.

현재의 인공지능은 사랑과 슬픔 같은 것을 느끼지는 않습니다. 물론 느끼는 '척'할 수는 있습니다. 사람이 기쁨이나 슬픔 같은 감정을 어떻게 표현하고 반응하는지 미리 알려주고 인공지능에게 같은 역할이나 과제를 주기 때문입니다. 그래서 오늘날의 기술 수준에서 인공지능의 생각하는 힘은 '사람이 지정한 특정 업무를 수행하는 힘' 정도면 충분합니다. 예를 들어 인공지능 스피커 기가지니에게 "지니야, 오늘 날씨를 알려 줘."하면 오늘 날씨에 대한 검색 결과를 가져오는 정도이지요.

물론 앞으로의 인공지능은 점차 더 많은 생각의 힘을 갖추게 돼서, 마침내 마음을 가졌다고 할 만한 인공지능이 생겨날 수도 있습니다.

하지만 현재의 인공지능은 사람이 지정한 일을 하는 것만 가능하고, 그것도 사람처럼 다양하게 마음을 쓰며 수행하는 일은 불가능합니다. 검색 엔진은 검색만 하고, 추천 알고리즘은 추천만 하며, 챗봇은 내가 하는 말에 반응하는 역할만 합니다. 이렇게 인공지능의 지적인 능력과 역할이 제한되어 있는 오늘날의 인공지능을 '좁은 의미의 인공지능(ANI : Artificial Narrow Intelligence)'이라고 합니다. 그래도 특정 업무를 맡기면 반드시 결과물을 만들어 내기 때문에 그 영향력을 인정한다는 의미에서 '지능형 행위자(Artificial Agent)'라고 부르기도 합니다. 어떤 일을 어떤 방식으로 할 것인지, 일의 목적과 행동 규칙에 따라 잘해낼 수 있는 정도면 '기계의 생각'으로는 충분하다는 뜻이지요.

이처럼 인공지능은 많은 이름을 갖고 있습니다. 여러분이 성과 이름을 더하여 불리거나, 이름만 불리거나, 별명이나 애칭으로 불리거나 하는 것처럼 다양한 호칭을 가진 것과 비슷하다고 생각하면 됩니다. 그러니 인공지능의 이름을 다 외울 필요는 없습니다. 나중에 그 이름을 접했을 때 너무 당황하지 않을 정도면 됩니다.

중요한 것은 여러분의 이름이 아니라 여러분이라는 사람이듯이, 우리도 인공지능의 핵심적인 정체를 아는 것이 중요합니다. 생각의 힘이 필요한 일을 시키면 스스로 해내는, 그러나 제한된 수준의 일을 하는 기계가 인공지능입니다. 그러므로 인공지능이 인간과 똑같은 방식으로 생각하거나 똑같은 방식으로 느껴야 하는 것은 아닙니다. 지정된 업무라는 조건 속에서 나름의 질서를 가지고 작동하며 업무를 완료할 수 있기만 하면 되니까요.

사람들은 이제 더욱 다양하고 많은 일을 하는 범용인공지능(AGI : Artificial General Intelligence) 개발에 도전하고 있습니다. '범용'이란 어디에나 두루두루 쓰일 수 있다는 뜻입니다. 바둑기사 이세돌 9단과의 바둑 대결에서 승리하여 화제를 모았던 구글의 알파고 개발팀 역시 자신들의 목표는 범용인공지능에 있다고 공공연히 이야기합니다. 그런가 하면 미래학자들은 거의 모든 영역에서 인간을 뛰어넘는 초지능(Super Intelligence)이 현실화되기까지 기술이 발전할 것이라고 예측합니다. 사람을 사랑하기도 하고 지배하기도 하는, 영화에 나오는 인공지능처럼요.

튜링의 질문

여기서 한 가지 주목해야 할 점은, 인공지능 기술이 실제로 등장하게 된 계기가 우리의 '상상'과 '질문' 덕분이라는 것입니다. 영국의 철학자이자 수학자, 암호 해석 전문가이기도 한 앨런 튜링(Alan Turing)은 1950년 〈컴퓨터가 생각할 수 있을까?〉라는 논문을 쓰게 됩니다. 앨

런 튜링은 '튜링 기계(Turing Machine)'라 불리는 모델을 고안한 사람이 기도 합니다. 튜링 기계는 오늘날 우리가 사용하는 컴퓨터의 원조 격입니다. 지금의 컴퓨터와는 다르다는 뜻인데, 그렇다면 튜링이 말한 컴퓨터는 무엇이냐고요? 튜링의 컴퓨터는 사람이 규칙을 미리 만들어 주면 그 뒤에는 일일이 지시하지 않아도 알아서 규칙에 따라 작동이 가능한 '계산 기계'였습니다. 컴퓨터라는 말 자체가 영어의 컴퓨테이션(computation), 곧 '계산'이라는 의미에서 오기도 했고요.

그러니까 튜링은 엄청난 물음표를 던진 셈입니다. 대한민국의 역사로 치면 6·25 전쟁 시기, 컴퓨터는커녕 텔레비전도 없던 시대에 지금의 컴퓨터와 같은 계산기를 상상하고 '그 계산기가 인간처럼 생각할 수 있을지' 질문한 것이니까요. 그러므로 인공지능을 만들 수 있는 기술보다 '생각할 수 있는 컴퓨터를 만들 수 있지 않을까?'라는 상상과 질문이 먼저 등장한 것이지요. 상상과 질문은 눈에 보이지 않는 것이지만 대단한 힘을 발휘할 수 있습니다. 1956년 여름방학 중 미국 다트머스 대학에 컴퓨터, 수학, 심리학, 행정학 등 다양한 분야의 전문가 20명이 모입니다. 1년 전인 1955년, 수학 전공자 존 맥카시(John McCarthy)와 마빈 민스키(Marvin L. Minsky)를 주축으로 몇 사람이 모여서 "우리 인공지능이라는 것을 한번 진짜로 만들어 볼래?"하고 제안한 덕분입니다. 연구자들은 밤낮으로 토론하고 의견을 제시하면서 튜링이 상상한 인공지능을 실제로 만들 수 있다는 생각을 발전

시켰습니다. 이 다트머스 회의(Dartmouth Conference)에 참여한 연구자들이 오늘날 우리가 알고 있는 인공지능의 이론적 기초와 개발 방법의 토대를 다져놓은 것입니다.

우리에게는 새롭고 낯선 기술, 심지어 실험실에서의 우연한 실수로 등장한 기술조차도 어느 날 갑자기 태어나는 것은 아닙니다. '생각하는 힘'과 '컴퓨터'를 연결지은 여러 분야의 전문가들이 튜링과 다트머스 연구자들의 뒤를 이어 이제껏 세상에 존재하지 않은 것에 대해 상상하고 질문하며 소통하지 않았다면 인공지능은 등장할 수 없었을 테니까요.

어때요, 우리는 인공지능과 친구가 될 수 있을까요? 물론 인공지능이 내 곁에서 함께 지내며 마음을 나누는 친구처럼은 될 수 없을지 모릅니다. 하지만 우리는 이미 인공지능과 깊은 관계를 맺고 있고, 따라서 우리에게는 인공지능에 대한 책임도 있습니다. 요리사는 자신의 요리에 책임이 있고, 건설회사는 자신들이 만든 건축물에 책임을 다해야 하는 것처럼요. 튜링과 다트머스 연구자들이 그랬듯이, 인공지능은 결국 인간이 상상하고 만들어서 이 세상에 내놓은 것이기 때문입니다. 게다가 현재의 인공지능은 인간이 지정한 역할만 수행합니다.

또한 인간도 인공지능의 작동으로 인해 어떤 식으로든 영향을 받는다는 것도 반드시 기억해야 합니다. 인간이 만들었다고 해서 일방적으로 인공지능에게 영향을 주는 것은 아니라는 말입니다. 오늘날 우리가 보는 뉴스는 대부분 인공지능의 추천 알고리즘에 의해 배치되고, 검색되며, 전달됩니다. 우리가 즐겨 찾는 대부분의 콘텐츠 또한 마찬가지입니다. 이렇게 인간과 인공지능은 서로 영향을 주고받습니다. 이런 관계라면, 친구 관계가 그렇듯이, 서로의 존재를 배려해야 할 필요성이 다분합니다. 지금의 인공지능에게는 그런 능력이 없으니 우리가 방법을 알려줘야겠지요.

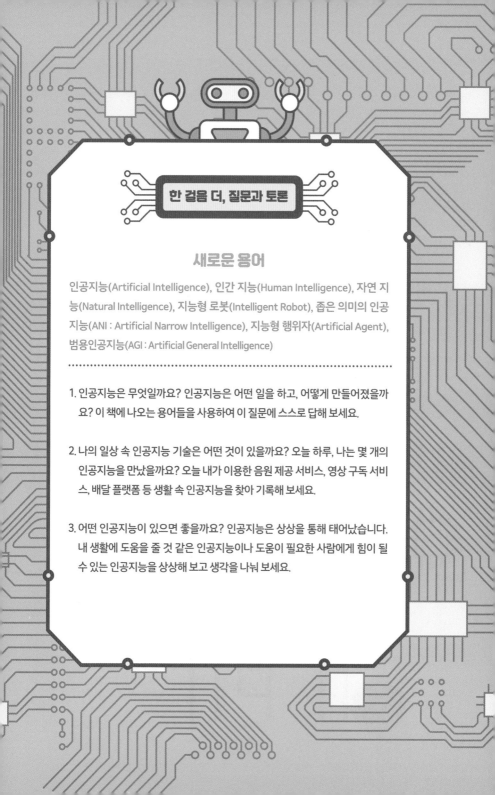

한 걸음 더, 질문과 토론

새로운 용어

인공지능(Artificial Intelligence), 인간 지능(Human Intelligence), 자연 지능(Natural Intelligence), 지능형 로봇(Intelligent Robot), 좁은 의미의 인공지능(ANI : Artificial Narrow Intelligence), 지능형 행위자(Artificial Agent), 범용인공지능(AGI : Artificial General Intelligence)

1. 인공지능은 무엇일까요? 인공지능은 어떤 일을 하고, 어떻게 만들어졌을까요? 이 책에 나오는 용어들을 사용하여 이 질문에 스스로 답해 보세요.

2. 나의 일상 속 인공지능 기술은 어떤 것이 있을까요? 오늘 하루, 나는 몇 개의 인공지능을 만났을까요? 오늘 내가 이용한 음원 제공 서비스, 영상 구독 서비스, 배달 플랫폼 등 생활 속 인공지능을 찾아 기록해 보세요.

3. 어떤 인공지능이 있으면 좋을까요? 인공지능은 상상을 통해 태어났습니다. 내 생활에 도움을 줄 것 같은 인공지능이나 도움이 필요한 사람에게 힘이 될 수 있는 인공지능을 상상해 보고 생각을 나눠 보세요.

2

인공지능 윤리는
왜 필요할까?

0110I
1000

'인공지능 윤리'라는 말이 여기저기서 많이 쓰이고 있습니다. 실제로 인공지능 활용도가 높은 거대 기업들은 인공지능 윤리가 꼭 필요한 시점임을 강조하며, 자신들부터 이를 잘 지키겠다는 약속을 앞다퉈 실천하는 중입니다. 마이크로소프트(2016), 구글(2018)은 일찌감치 인공지능 원칙(AI Principle)을 발표하면서 인공지능 기술에 책임을 다하고 인간에게 유익한 기술이 되도록 힘쓰겠다고 약속했습니다. 한국에서는 2018년에 다음 카카오가 '알고리즘 윤리 헌장'을 처음으로 마련했습니다. 네이버는 2021년 '네이버 AI 윤리 준칙'을, LG 역시 2022년에 'AI 윤리 원칙'을 제정했습니다.

　흥미로운 점은, 다른 기술 분야에서는 윤리가 이 정도로 강조되지도 않거니와 특히 기업들이 나서서 윤리를 말하는 경우는 더욱 드물다는 사실입니다. 우리가 흔히 기술에 대해 이야기할 때 중요하게 여기는 것은 윤리보다 효율성, 신속성, 정확성 같은 것들이기 때문입니다. 기업이 먼저 나서서 인공지능 윤리를 말하는 이유는 뭘까요. 왜하필 인공지능 분야에는 윤리가 중요하게 여겨질까요. '자동차 윤리', '냉장고 윤리'라는 말은 쓰지 않는데 말이지요. 도대체 인공지능 윤리란 무엇일까요.

챗봇 이루다 사건

2020년 12월에 공개한 인공지능 챗봇 '이루다(1.0)'는 3주 만에 서비스를 중단했습니다. 서비스를 시작한 지 2주 만에 40만 명 이상의 가입자를 확보할 정도로 인기였는데요. 인공지능 챗봇이란 인공지능 기술 기반의 채팅 프로그램입니다. 인터넷 쇼핑몰에서 물건을 사면 주문 내역과 배송 상황 등이 챗봇으로 전달되는데, 이용자는 챗봇에게 이것저것 궁금한 것을 물어볼 수 있습니다. 챗봇 이루다는 감정적으로 공감하며 친근하게 대화할 수 있도록 설계되었습니다. 이루다는 우리와 대화하는 챗봇의 이름이고, 아이돌을 좋아하는 스무 살 여대생이라는 설정이 있습니다. 사람과의 대화에서 기존의 챗봇보다는 훨씬 자연스럽게 반응한다는 점에서 호평을 얻었지만, 그보다 더 큰 문제를 낳으며 3주 만에 서비스가 중단됩니다.

처음에는 스무 살 여대생으로 설정된 이루다를 이용자가 성희롱하는 것이 문제로 지적되었습니다. 이로 인해 사람들의 눈길이 쏠리자 이루다의 다른 문제점이 드러나기 시작했습니다. 이루다가 대화하면서 실제 인물의 이름, 집 주소, 계좌 번호, 연인 사이의 사적 대화 등 개인의 민감한 정보를 말하기 시작했기 때문입니다. 챗봇 이루다를 만들기 위해 카카오톡 메시지 앱 '연애의 과학'에서 사람들의 대화를 수집했는데, 이 과정에서 개인 정보가 걸러지지 않고 유출된 것입니다. 프라이버시가 침해된 것이지요. 게다가 연애의 과학 앱을 사용한 사람들은 자신의 신상 정보가 챗봇 이루다 개발에 활용된다는 사실조차 정확하게 알지 못했습니다. 동의 절차 없이 개인 정보가 활용된 것입니다. 사용 안내문에 다른 연구 용도로 활용될 수 있다고 했지만, 어떤 정보를 얼마만큼 무슨 목적으로 이용할지는 정확하게 전달하지 않은 것입니다. 그걸 미리 알았다면 누군가는 자신의 정보 노출을 거부할 수도 있었을 텐데 말이지요. 문제는 더 있었습니다. 이루다의 차별 혐오 발언입니다. 이루다는 여성, 성 소수자, 장애인 등을 심각하게 비하하고 혐오하는 말을 여과 없이 쏟아냈습니다. 만일 이루다가 중단되지 않고 계속 서비스되었다면 그 파장은 더욱 커졌을 것입니다.

서로 공감하며 필요한 정보를 얻기 위해 만든 챗봇 서비스인데, 원치도 않는 차별 발언을 듣게 되고 타인의 민감한 개인 정보를 알게 됩

니다. 혹은 자신의 개인 정보가 유출된 사람도 생겨납니다. 이는 이용자에게도 피해를 주지만 서비스를 제공한 회사에도 손해를 입힙니다. 이런 문제가 있는 챗봇을 사람들이 쓰지 않으려 할 테니까요.

이런 문제는 왜 발생했을까요. 사실 개인 정보 보호나 차별 발언 금지는 새로운 요구 사항도 아니고 지키기 어려운 일도 아닙니다. 어찌 보면 자유나 평화처럼 우리가 안전하게 서로를 존중하며 살아가기 위해서는 당연히 지켜져야만 하는 것이고, 우리도 이미 그런 사실을 잘 알고 있습니다. 그러나 이루다를 만들 때는 이처럼 당연한 원칙들에 대해 깊이 생각하지 않았다고 봐야 합니다. 인공지능 기술을 개발하고 선보이는 것에만 급급했을 뿐 그 기술이 우리 사회에 유익할 것인지 아니면 피해를 줄 것인지에 대한 고민은 부족했던 것이지요.

인공지능은 하나의 기술이지만 기술 역시 사회에서 만들어지고, 사회 내에서 활용되며, 어떤 형태로든 사회에 영향을 주게 마련입니다. 오늘날의 '기술'은 사람의 삶에 영향을 미치는 아주 중요한 조건입니다. 더구나 기술을 만드는 데 필요한 자원 또한 모두 사회로부터 나옵니다. 모든 기술은 사회 속에서 만들어져 사회 구성원들의 삶에 투영되면서 우리가 좋은 삶을 살아가도록 돕기도 하고 그것을 어렵게 만들기도 합니다. 그렇기에 기술은 단지 기술만의 문제가 아니라 사회적인 문제이기도 합니다.

보통 우리가 기술을 말할 때는 효율성이나 편리함을 주로 이야기합니다. 하지만 그 편리함과 효율성이 중요한 까닭은 그것이 사회 속에서 잘 쓰일 수 있기 때문에, 다시 말해 우리에게 어떤 '좋음'을 가져다주기 때문입니다. 그러므로 사회에서 쓰일 기술은 그것이 우리 사회에 유익할 것인지, 어떻게든 해를 끼치진 않을지, 우리가 잘 살 수 있도록 도움을 줄 것인지가 먼저 고려되어야 합니다. 우리에게 좋은 것, 유익한 것, 가치 있는 것이란 어떤 것이며 그렇게 볼 만한 근거는 무엇인지 생각하고 실천하는 영역이 바로 '윤리'입니다. 그러므로 기술에는 반드시 윤리적 고민이 함께할 수밖에 없습니다. 인공지능의 개발 및 사용과 관련하여 우리 사회에 유익한 인공지능을 만들고 활용하기 위해 어떤 원칙을 세워야 하는지, 어떤 조건이나 행동이 필요한지를 논의하고 제시하는 것이 바로 인공지능 윤리(AI Ethics)입니다.

인공지능의 자율성이 인간을 위험에 빠뜨릴까?

기술에 윤리가 필요한 것은 비단 인공지능만이 아닙니다. 다른 기술도 당연히 사회적인 문제가 생기지 않도록 잘 만들고 활용해야 합니다. 기술은 인간을 해치기 위해 만들어진 것이 아니라 인간의 좋은 삶을 돕기 위해 만들어진 것이니까요. 그럼에도 왜 유독 인공지능 기술 분야에서는 윤리를 더 많이 강조하는 것일까요.

이것은 '인공지능의 자율성'이라고 하는 인공지능 시스템의 기술적인 특징 때문입니다. 인공지능은 데이터와 데이터를 처리하는 규칙인 알고리즘으로 만들어집니다. 그리고 알고리즘은 데이터를 분석하여 업무와 관련된 내용을 학습하고 예측하면서 스스로 업무를 처리할 수 있습니다. 사람이 일일이 규칙을 입력하거나 수정하지 않아도요. 이것을 알고리즘의 '기계학습(Machine Learning, ML)'이라고 합니다.

가장 대표적으로는 스팸 메일 분류 기능을 생각할 수 있습니다. 스팸 메일을 일반 메일과 따로 분류하라는 규칙(알고리즘)을 만들고, 대량의 스팸 메일 데이터를 제공하면 인공지능이 스스로 스팸 메일의 특징을 찾아 구분해 낼 수 있게 만드는 것입니다. 스팸 메일의 특징을 인간이 하나씩 알려주고 입력하는 대신에 알고리즘이 학습해서 인간이 준 업무인 스팸 메일 분류를 스스로 해내는 것입니다. 풀어야 할 문제(스팸 메일 분류)를 위한 정답(스팸 메일)을 미리 알려주고, 인공지능이 학습하게 하는 것을 '지도 학습(Supervised Learning)'이라고 합니다. 인간이 어느 정도는 학습을 지도한다는 뜻입니다. 반면에 정답을 알려주지 않고 학습시키는 경우도 있습니다. 일단 많은 데이터를 준 뒤에 인공지능이 그 데이터들을 알아서 분류하게 하는 것입니다. 예를 들어 수만 개의 이미지를 주면 인공지능이 알아서 고양이와 강아지를 구분하여 나누는 경우를 생각할 수 있습니다. 이때 인공지능은 인간이 미처 생각하지 못한 특징이나 분류 기준을 찾아낼 수도 있겠지요. 이런 것을 인간이 안내하지 않는다는 의미에서 '비지도 학습(Unsupervised Learning)'이라고 합니다. 다만 비지도 학습에서도 인간의 역할이 완전히 사라지는 것은 아닙니다. 인간이 인공지능에게 처리할 업무를 지정해 주고, 인간이 마련한 데이터를 제시하고, 인공지능이 잘 작동하는지 확인까지 해야 하니까요.

지도학습이든 비지도학습이든, 기계학습을 하는 인공지능은 인간이 알고리즘을 일일이 입력하거나 수정하지 않아도 스스로 업무 처리를 할 수 있습니다. 이러한 특징이 인공지능의 자율성이고 이것이 인공지능의 가장 중요한 특징입니다. 인공지능에게 자율성이 있다고 하면, 보통은 인공지능이 마치 인간과 똑같이 자유롭게 고민하고, 선택하고, 행동할 수 있다는 말로 오해하기 쉽습니다. 그러나 앞서 살펴본 것처럼 실제로는 인간이 굳이 끼어들지 않아도 알고리즘이 조정된다는 의미입니다. 인간의 손길이 닿지 않아도 저절로 일이 진행될 수 있다는 점에서 매우 높은 수준의 자동화로 이해할 수도 있습니다.

그럼 인공지능이 자율성을 더 많이 가질수록 인간은 더 편해질까

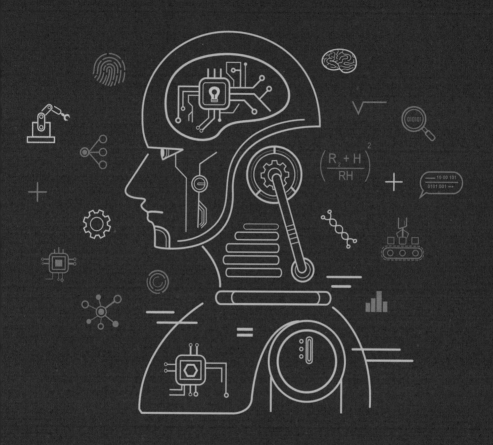

기계학습을 하는 인공지능은 인간이 알고리즘을 일일이 입력하거나
수정하지 않아도 스스로 업무 처리를 할 수 있습니다.
이러한 자율성이 인공지능의 가장 중요한 특징입니다.

요? 우리가 해야 할 일을 인공지능이 대신하니까 물론 편해지기는 할 것입니다. 하지만 그 때문에 더 심각한 문제가 생길 수도 있습니다. 누군가 대신해 주는 것에 익숙해지면 우리는 전에 내가 그 일을 어떻게 했는지 잊기 쉽습니다. 그리고 그 과정이 어떻게 진행되어 왔는지도 잘 알지 못합니다.

어떤 외계인이 나의 수학 숙제를 계속 대신해 준다고 상상해 봅시다. 나는 수학 숙제를 해 갈 필요가 없어서 편하겠지만, 실제로는 수학 문제를 풀지 못하게 됩니다. 가장 큰 문제는 문제를 어떻게 푸는지 스스로 알지 못하기 때문에 외계인이 틀린 답을 내놓아도 그것이 오답인지 아닌지 알아차릴 수 없다는 점입니다. 만일 세상의 모든 수학 문제를 외계인이 풀고 외계인이 가르치게 된다면 어떤 일이 발생할까요. 외계인이 틀려도 우리는 뭐가 틀렸는지 알지 못하기 때문에 틀린 답을 그대로 배우고 다시 가르칠 것입니다. 그렇다면 제대로 문제를 푼 사람이 좋은 점수를 받지 못하는 것은 물론 오히려 이상한 사람 취급을 받을지도 모릅니다. 만일 우주 발사체나 핵융합 원자로 설계와 같은 곳에서 잘못된 답안이 적용된다면, 우리 사회는 커다란 위험에 빠질 수도 있습니다. 인공지능과 우리의 관계도 마찬가지입니다.

이해하지 못하는 것에 일을 맡겨도 될까?

인공지능의 학습 방식은 우리와 전혀 다릅니다. 우리가 고양이라는 말이 무슨 의미인지 배울 때는 뾰족한 귀, 거꾸로 된 세모 모양의 코, 수염, 경계심 많음, 호기심 많음 등 각각의 특징들을 배우고 이들을 한데 묶어서 엮은 뒤에 '이것은 고양이'라는 말의 의미를 알게 됩니다. 그런 배움의 과정을 거쳤기 때문에 고양이를 보고 '이것은 고양이구나!'라고 곧장 판단할 수 있지요. 생각을 하나씩, 하나씩 엮어서 단계적으로 결론을 향해 나아가는 것입니다. 그러나 인공지능은 우리가 하듯이 각각의 특징이 무엇인지 알고 난 다음에 고양이라고 판단하지 않습니다. 많은 수의 데이터를 분석하여 그 데이터에서 공통되게 두드러진 특징(눈과 눈 사이의 거리, 눈과 귀 사이의 거리 등)을 뽑아내면, 이제 그 특징에 해당하는 모든 것을 고양이라고 분류합니다. 우리가 '이해하는' 방식과는 전혀 다른 셈이지요.

그래서 인공지능의 결과물은, 우리가 내놓은 결과물과 똑같거나 아니면 더 나을지라도, 인공지능이 어떻게 그런 결론을 내리게 되었는지 우리는 완벽하게 이해할 수 없습니다. 문제 풀이의 과정과 그렇게 푼 이유를 이해할 수 없다면, 인공지능이 내놓은 결과가 제대로 된 것인지 아닌지도 확인하기 어려워집니다. 물론 제대로 고양이를 분류했는지 정도는 간단한 문제이기 때문에 그 결과가 정답인지 오답

어째서 인공지능이 이런 결과를 도출했는지
인간이 충분하게 이해하거나 설명할 수 없는 부분이 항상 존재합니다.

인지 확인하기 쉽습니다. 그러나 오늘날 인공지능이 푸는 문제들은 이렇게 단순한 문제가 아니라 더욱 복잡한 문제들입니다.

인공지능이 이처럼 인간과는 다른 방식으로 학습하기 때문에 인간은 인공지능을 완벽하게 이해할 수 없습니다. 생각의 방식 자체가 아예 다르니까요. 다시 말해 인공지능의 과제, 인공지능에 제시된 데이터, 인공지능이 제시한 결괏값을 모두 알더라도 어째서 인공지능이 이런 결과를 도출했는지 인간이 충분하게 이해하거나 설명할 수 없는 부분이 항상 존재합니다. 이것을 인공지능의 '이해 가능성', '설명 가능성'의 문제라고 합니다. 인간이 인공지능의 작동 과정과 이유를 완전하게 알지 못한다는 뜻에서 인공지능의 투명성이 문제시된다거나 인공지능이 불투명하다고 표현하기도 합니다. 인공지능과 우리 사이에 마치 불투명한 벽이 세워져 있는 것처럼, 우리가 인공지능에 대해 알고 이해할 수 있는 부분은 제한적이라는 의미입니다. 이것은 오늘날 인공지능 기술 분야의 커다란 숙제이기도 합니다.

그런 인공지능이 자기 나름대로 일하도록 한다니, 정말 안심하고 맡길 수 있을지 의문이 듭니다. 아무 문제 없이 잘 돌아간다면 괜찮겠지만 언제까지나 그런다는 보장은 없습니다. 어떤 이유로 그렇게 작동하는지 모르므로 우리가 미처 짐작하지 못하는 아주 사소한 부분이 바뀌면 지금과는 완전히 다르게 작동할 수도 있습니다. 반대로 문제가 생기더라도 정확히 어떤 부분이 원인인지 알지 못합니다. 문제가 생겨도 그 원인을 모르니 문제를 개선할 수도 없습니다. 그렇다면 같은 문제가 계속 되풀이될 수도 있겠지요.

우리가 어떤 기술 제품을 사용하는 것은 그 제품이 제대로 작동하고 그 작동이 안정적일 것이라고 믿기 때문입니다. 처음에 지시한 것과 다른 방식으로 작동할 수도 있고 문제가 생겨도 그 원인을 제대로 파악하기 어려워 대응하기 힘들다면, 우리는 그 기술을 쓰려고 하지 않을 것입니다. 그 기술을 믿을 수 없기 때문입니다. 인공지능 기술을 활용하는 기업들이 앞다투어 인공지능 윤리를 이야기하는 이유도 바로 그 때문입니다. 아무 생각 없이 인공지능을 개발하고 활용하다가는 미처 예상하지 못한 문제가 발생할 수 있으니까요. 그러므로 인공지능 윤리가 하는 일의 핵심은 믿고 쓸 수 있는 인공지능 기술을 만들기 위한 논의와 제안입니다.

인공지능 기술을 믿고 활용하기 위한 첫 번째 조건은, 우리가 충분히 이해할 수 있는 인공지능을 만드는 것입니다. 그러나 우리가 이해할 수 있기만 하면 다 괜찮을까요. 여기서 우리는, 인공지능이 우리의 일을 '대신'한다는 사실을 되새겨 봐야 합니다. 예를 들어 인공지능이 나 대신 불을 지르거나 도둑질을 한다면 어떨까요. 불을 지르고 싶거나 도둑질을 하고 싶은 사람에게는 이 인공지능이 편리할 것입니다. 그러나 사회적으로 봤을 때 이러한 일을 대신해 주는 인공지능은 절대 허용할 수 없습니다. 그러므로 해도 되는 일, 하지 말아야 할 일을 분명히 구분해야 할 필요가 있습니다. 우리에게 유익한 것과 피해가 되는 것을 정확히 규정해야 하고, 그 기준에 따라 우리에게 도움이 될 인공지능만을 처음부터 생각하고 만들어야만 하는 것입니다.

'나 대신'이라는 말과 뜻

우리에게 유익한 것이란 구체적으로 어떤 것을 가리킬까요. 우리가 살면서 가장 소중히 여기는 것들을 떠올려 봅시다. 나 자신, 가족, 내가 좋아하는 사람들, 내가 좋아하는 것들이 먼저 생각납니다. 이런 것들이 계속되기 위해서는 무엇이 필요한가요.

일단 우리가 몸담은 이 세계가 없어지지 않고 존재해야 합니다. 그런 점에서 평화와 지속 가능한 발전이 중요할 것 같습니다. 또 내가 좋아하는 것을 마음껏 즐길 수 있도록 보장하는 자유가 필요합니다. 그리고 자유를 모두에게 고루 보장하기 위해서는 평등하고 정의로운 사회가 구현되어야 합니다. 돈이 없으면 먹고살기 힘드니 일자리를 얻을 기회가 평등하게 주어져야 하고, 그런 일자리에서 다치지 않고 안전하게 일할 수도 있어야 합니다. 이것은 노동권의 문제라고 할 수 있겠지요. 그러나 모든 사람이 똑같은 환경에서 똑같이 일할 수는 없습니다. 누군가는 아파서 몸을 쓰기 힘들기도 하고, 누군가는 물리적인 힘을 쓰는 일보다는 머리 쓰는 일에 더 뛰어납니다. 그래서 사람은 서로 다른 일을 하게 마련이지요. 그런 점에서 누가 무슨 일을 하든 다 같은 사람이라는 인식이 중요하게 다가옵니다. 몸이 불편해도 사람이고 돈이 없어도 사람입니다. 서로 다른 입장과 처지를 지닌 다양한 사람들이 저마다의 인격체로서 존중받고 차별받지 않아야 마땅합니다.

바로 이런 것들이 우리가 사람답게 살기 위해 꼭 필요한 조건입니다. 몇 가지만 언급했지만, 그밖에도 중요한 기준과 조건이 또 있을 것입니다. 이렇게 사람에게 좋은 것, 가치 있는 것, 그 가운데서도 가장 기초가 되는 것을 고민하고 그 판단 기준과 이유를 찾아 검토하여 모두에게 유익하다고 생각되는 실천법을 찾는 것이 바로 '윤리'의 일입니다. '인공지능 윤리'의 일도 그와 같습니다. 우리가 좋은 삶을 계획하고 살아가는 것에, 좋은 사회를 만들고 유지하는 것에 인공지능이 어떤 도움이 될지를 먼저 생각해야 합니다. 좋은 사회를 만들기 위해, 좋은 삶을 살기 위해 무엇이 필요한지를 생각하면 유익한 인공지능이란 어떤 것이며 그런 인공지능을 활용하기 위한 조건이 무엇인지도 분명히 말할 수 있기 때문입니다.

우리에게 유익한 일을 인공지능에게 맡긴다고 해서 고민이 거기서 끝나는 것은 아닙니다. 건물 짓는 일과 비교해 봅시다. 내가 어떤 건물을 짓기로 했습니다. 그런데 혼자서 하기는 위험하고 힘이 너무 많이 들어서, 혹은 내가 너무 바빠서 나 대신 지어 줄 사람을 구하기로 했습니다. 그렇다면 사람을 구하는 것만으로 나의 할 일은 끝난 걸까요. 그렇지 않습니다. 내가 처음에 하기로 약속한 것은 건물을 짓는 일이니까요. 건물을 짓기 위해서는 일할 사람을 구한 뒤에도 챙겨야 할 일이 많습니다.

가장 먼저 건물의 설계도가 필요합니다. 설계 역시 다른 사람에게 맡길 수 있지만, 그 설계도를 최종적으로 검토하고 결정하는 것은 나 자신입니다. 또 안전한 건축물을 짓기 위해서는 건물에 쓰일 좋은 재료를 구하는 것도 중요하고, 안전 수칙을 지키며 공사가 진행되는지 감독하는 것도 소홀히 할 수 없습니다. 사람들이 잘 먹고 잘 쉬며 일할 수 있도록 적절한 환경이 조성되고 합당한 임금이 지급되는지 확인하는 것도 중요합니다. 공사비가 전체적으로 얼마나 들어갈지, 내가 감당할 수 있는지도 미리미리 생각해야 합니다. 소음이나 먼지가 많이 일어나서 주변에 피해를 주지 않도록 조치하는 것 역시 나의 일입니다.

이처럼 누구에게 어떤 일을 대신하게 하려면 생각해야 할 일들이 많습니다. 인공지능의 경우도 마찬가지입니다. 인공지능이 나를 대신해서 일하지만 말 그대로 '나 대신'이기 때문에 그 일은 결국 나의 일이며, 그 일과 관련된 중요한 결정 혹은 최종 결정의 책임도 나에게 있다는 것을 반드시 기억할 필요가 있습니다.

한 걸음 더, 질문과 토론

새로운 용어

인공지능 윤리(AI Ethics), 기계 학습(Machine Learning, ML), 지도학습
(Supervised Learning), 비지도학습(Unsupervised Learning), 인공지능의 자
율성, 이해 가능성, 투명성(Transperency), 설명 가능성(Explainability)

....

1. 인공지능 윤리는 무엇이고, 왜 필요할까요? 이 책에 나오는 용어들을 사용하
   여 이 질문에 스스로 답해 보세요.

2. 과제를 도와줄 인공지능 기술을 만들려고 합니다. 미리 생각하고 고민해야
   하는 것은 무엇일까요? 인공지능에 어디까지 맡길 수 있고, 어디서부터는 스
   스로 해야 하는지 생각을 나눠 보세요. 인공지능을 만들기 전에 지켜야 할 몇
   가지 규칙, 인공지능을 활용하면서 지켜야 할 몇 가지 규칙을 만들고 제안해
   보세요.

3. 구글, 마이크로소프트, 네이버, 다음 카카오, LG 등 기업의 인공지능 윤리 원
   칙을 검색해 보세요. 우리에게 유익한 인공지능, 믿고 쓸 수 있는 인공지능을
   만들기 위해 어떤 노력이 필요하다고 말하고 있나요? 각 기업에서 말하는 인
   공지능 윤리의 공통점을 찾아 정리해 보세요.

3

인공지능 스피커,
내 고민을
팔았다고?

우리는 저마다 다른 사람에게 알리기 싫은 무언가를 가지고 있습니다. 너무 소중한 것이어서 그럴 수도 있고 들키기 싫은 약점이어서 그럴 수도 있습니다. 알리기 '싫은' 것까지는 아니어도 다른 사람에게 나만의 일상을 일일이 다 공개해도 좋다고 생각하는 사람은 아마 없을 것입니다.

누가 나의 하루를 매일 들여다보면서 내가 먹는 것, 사는 모양새, 친한 친구, 자는 시간, 화장실 가는 일, 즐겨 가는 장소, 일기장에 쓰는 말들까지 전부 안다고 생각해 보세요. 너무 부담스럽지요. 물론 나에 관한 정보 중 어떤 것은 친한 친구에게 알려주거나 공유할 수 있는 것도 있을 것입니다. 하지만 아무나, 누구나 내 정보를 알 수 있다고 생각하면 싫은 정도가 아니라 무서워질 지경입니다. 집 주소와 현관 비밀번호, SNS 비밀번호, 계좌 비밀번호 등 특히 다른 사람이 알게 되면 손해를 보거나 위험에 처할 정보도 많습니다. 개인 정보가 새 듯이 국가 기밀이 샌다면 문제는 더욱 커지겠지요.

인공지능이 다 듣고 있어

사람들은 보통 자기 생활에 중요한 정보가 나하고는 관계없는 사람, 내가 허락하지 않은 사람에게 함부로 공개되거나 전달되지 않도록 조심합니다. 그러나 조심하기 어려운 것이 있습니다. 바로 우리의 일상 속에서 우리를 지켜보고 기록하는 인공지능입니다. 시리, 빅스비, 지니, 클로버…… 우리가 익숙하게 사용하는 인공지능들입니다. 인공지능이 목소리를 내어 말한다는 뜻에서 '인공지능 스피커(AI Speaker)'라고도 합니다. 주변 맛집을 검색할 때, 급히 약국을 찾을 때, 과제물을 제출할 때도 우리는 필요한 정보를 찾기 위해 인공지능 스피커를 활용합니다. 친구에게 메시지를 보내거나 통화할 때도, 머릿속에 떠오른 생각을 메모할 때도 인공지능 스피커를 사용합니다. 때로는 혼잣말처럼 인공지능에게 말을 걸며 대화를 나누기도 하고요.

하지만 인공지능 스피커가 우리가 한 말을 다른 사람에게 전달한 다는 것까지는 잘 모르는 것 같습니다. 인공지능 스피커를 제공하는 기업의 대부분은 인공지능 스피커에게 전달된 우리의 말을 다시 인

"들린다,
들려⋯."

공지능 학습 자료로 활용합니다. 그저 혼자서, 혹은 인공지능하고만 대화했다고 생각하지만 그 내용이 다른 사람들에게로 퍼져 나가 나도 모르는 사이에 쓰이고 있는 것입니다.

2019년, 인공지능 스피커에 의한 사생활 침해 논란이 불거졌습니다. 네이버와 협력하는 외부 업체 직원들이 네이버 인공지능 스피커에 녹음된 특정인의 대화 내용을 듣고 글자로 바꿔 적는 작업을 해왔다는 사실이 드러난 것입니다. 사투리 등을 인공지능이 제대로 알아듣도록 훈련하기 위해서였다는데, 물론 협력 회사 직원들은 이 내용을 외부에 발설하지 않겠다는 비밀 준수 협약을 맺었고, 사용자가 인공지능 스피커를 직접 부르지 않을 때는 음성 녹음을 하지 않았다고 했습니다. 또한 네이버는 '서비스 이용 약관'에 이 사실을 안내하고 '개인 정보 수집 이용'에 이용자의 동의를 받았으며, 음성 녹음 내용과 녹음된 계정을 분리하여 어떤 계정에서 녹음된 것인지를 알 수 없게 하였고, 녹음한 내용 중 단 1%만을 학습에 활용한다고 밝혔습니다. 그러니 사생활 침해나 정보 유출로 문제가 될 정도는 아니라는 입장이었지요. 하지만 언론 보도가 나오기 전까지 일반 이용자들은 이 같은 사실을 제대로 알지 못했고, 이는 결국 개인 정보에 대한 접근과 활용권을 자기도 모르게 내어준 것과 다르지 않습니다. 자신의 음성이 네이버 측에 녹음되고 다른 사람에 의해 문자로 바뀐다는 사실은 구체적으로 고지되지도 않았습니다.

같은 해, 애플 역시 네이버와 같은 상황이었음이 언론을 통해 공개됩니다. 아이폰의 시리와 이용자 사이의 녹음된 대화 내용을 외부 업체에 전달한 뒤 문서로 옮기는 작업을 한 것입니다. 애플은 녹음된 내용을 다른 사람이 들을 수 있다는 사실을 이용자에게 미리 알리지 않았습니다. 이런 논란이 일자 네이버와 애플은 개인 정보 보호 규칙 및 안내를 보완하고, 자신의 대화가 녹음되거나 저장될지 이용자가 스스로 선택하는 방식으로 바꾸었습니다. 저장 후 일정 기간이 지나면 데이터는 삭제하기로 한 내용도 새로 들어갔습니다. 이렇듯 인공지능과 나의 대화 내용이 녹음, 저장되고 다른 사람이 이 대화에 접근할 수 있다는 사실을 사람들은 얼마나 알고 있을까요.

내 고민을 남에게 팔고 있다니

내가 누구인지 알 수 있게 해 주는 정보, 예를 들어 이름이나 주민등록번호, 전화번호 등을 '개인 식별 정보(personally identifiable information)'라고 합니다. 인공지능 스피커에 의한 사생활 침해 논란이 일자, 앞에서 네이버는 음성 녹음 내용과 이용자의 계정을 분리한다고 했습니다. 예를 들어 "물 두 병만 배달해 줘."라고 한 말이 어떤 이용자에게서 나왔는지 알지 못하게 처리하는 것입니다. 어떤 특정 정보에서 개

"어서 말해 봐.
나쁜 기억을 지워 줄게⋯."

인 식별 정보를 제거하는 것이지요. 이것을 그 사람이 누구인지 알아 차리지 못하게 한다는 뜻에서 정보의 '비식별 처리' 혹은 '비식별화 (de-Identification)'라고 합니다. 익명으로 글을 남기면 누가 썼는지 알 수 없듯이 내 정보에서 나의 이름을 빼 버리면 누구의 정보인지 알아볼 수 없겠지요.

그러나 내가 태어난 연도, 내가 태어난 장소, 내가 다닌 학교, 나와 친한 친구의 계정 등을 알게 되면 내가 누구인지 알아내는 것은 훨씬 쉬운 일이 되고 맙니다. 무작정 사람을 찾는 것보다 '열일곱 살이고, 경기도 00시에서 살고, 00고등학교를 다니며, 같은 학교에 다니는 000의 친구'를 찾으라고 하면 찾기가 훨씬 수월해지는 것처럼요. 몇 몇 정보를 끼워 맞추면서 추리할 수 있기 때문입니다. 정보가 비식별 처리되었다고 할지라도 많은 정보가 모이면 이를 통해 그 정보의 주인공이 누구인지, 어디에 사는지, 지금은 어디에 있는지 알아낼 수 있습니다.

그렇다면 내가 누구인지에 대한 정보와 내가 누구인지 추측할 수 있는 정보를 다 규제하면 어떨까요. 여기에도 두 가지 문제가 있습니다. 첫 번째로 내가 누구인지를 지우기만 하면 그 정보는 남에게 공개되어도 괜찮은 것일까요?

몇 년 전 청소년들에게 인기를 끌었던 '나쁜 기억 지우개'라는 고민 상담 앱이 있습니다. 익명으로 고민을 털어놓으면 그에 대해 다른 사람의 조언이나 공감을 얻을 수 있고, 경우에 따라 가까운 상담복지센터를 소개해 주기도 하는 앱이었습니다. 한 번 올린 고민 글은 서서히 관심 밖으로 밀려나다가 24시간이 지나면 완전히 삭제되는 것이 이 앱의 특징이었습니다. 그러나 이 서비스를 제공하는 회사가 청소년들이 남긴 고민을 출생 연도, 성별, 위치 정보, 작성 날짜를 포함시켜 제3자에게 판매하려 한 사실이 밝혀져 논란이 되었습니다.

회사는 이러한 정보를 판매하기 전에 '회사도 개인 글의 저작권을 가지며, 개인 정보는 제3자에게 제공될 수 있다'는 내용을 이용 약관에 추가했습니다. 그러나 이용 약관은 앱 하단에 매우 작은 글씨로만 제공되어서 일부러 클릭해서 읽어보지 않으면 그 내용을 확인할 수 없었습니다. 또 기존의 사용자에게는 변경된 이용 약관이 전달되지도 않았습니다. 게다가 나에 대한 어떤 정보를 제3자에게 제공할 것인지도 분명하게 설명되어 있지 않았습니다. 알지도 못하는 사이에 나의 사적인 고민과 개인 정보가 남에게 넘어갈 뻔한 것입니다. 내가 만약 그걸 미리 알았다면 이 앱을 이용하거나 이 앱이 나의 고민 내용을 다른 사람에게 넘기는 것에 동의했을까요? 아마 대부분은 자신의 고민을 남에게 전하지 않으려 할 것입니다. 내가 누구인지를 모르게 한다고 해서 그 정보를 공개하는 것이 문제없는 일인지는 깊이 생각해 볼 필요가 있습니다.

두 번째로, 어디까지가 나를 추측할 수 있는 정보인지 정확히 알기 어렵습니다. 인공지능 기술이 발전할수록 인공지능이 데이터를 분석하고 추리하여 결론을 유추하는 능력이 개선되고, 따라서 데이터를 통해 특정 개인을 식별할 수 있는 능력 또한 좋아집니다. 그래서 과거에는 비식별 정보라고 생각되었던 것이 오늘날에는 그 사람이 누구인지 알기에 충분한 정보가 될 수도 있습니다. 그래서 겉보기에 중요하지 않아 보이는 정보라도 그 정보를 조합하거나 분석함에 따라 민감한 개인 정보가 될 수 있습니다. 이처럼 어떤 정보가 개인 식별 정보인지 정확하게 판단할 수 없는 것이 오늘날의 현실입니다. 나의 개인 정보를 보호하려고 해도 어디서부터 어디까지 보호해야 할지 헷갈리게 되는 것이지요.

게다가 인공지능의 추리는 내가 누구인지를 아는 것에만 그치지 않습니다. 인공지능은 나의 이런저런 정보를 조합한 뒤 나도 미처 알아차리지 못하거나 내가 알리고자 의도하지 않은 정보를 알아낼 수도 있습니다. 예를 들어 직장을 구하려고 이력서와 자기소개서를 제공했는데, 거기에 이미 공개된 다른 정보를 더해서 나의 정치 성향이나 지능지수가 나올 수도 있습니다. 나의 심리 상태나 정신 건강 상태를 데이터로 만드는 것도 어려운 일이 아닙니다. 물론 그 추리가 정확한지는 확신할 수 없습니다. 그러나 내가 제공한 것보다 훨씬 많은 정보를 인공지능을 통해 얻을 수 있다는 사실은 분명합니다. 게다가 나에 대한 그런 평가나 판단이 외부에 공개될 수도 있습니다. 그 때문에 다른 사람들은 그 정보가 맞는지 틀리는지 확인하기도 전에 나에 대한 선입견부터 가지게 될 수도 있습니다.

나의 정보를 내 뜻대로 다룰 수 있는 권리

인공지능에게 개인 정보를 아예 제공하지 않을 수는 없습니다. 우리는 인공지능을 편리하게 이용하길 바라고 인공지능은 데이터를 통해 학습하니까요. 게다가 많은 정보를 학습할수록 인공지능의 작동은 정확해집니다. 그러니 인공지능이 개인 정보를 전혀 다루지 못하게 금지할 수도 없습니다. 예를 들어 우리가 이용하고 있는 동영상 추천 서비스, 맞춤 광고 제공 서비스 등은 우리가 어떤 영상을 보고 무엇을 샀는지에 대한 정보를 제공한 덕분에 가능한 서비스입니다.

　그렇다면 인공지능을 잘 활용하면서도 개인 정보를 침해하지 않도록 하는 방법은 없을까요? 이러한 고민을 '인공지능과 프라이버시(privacy)의 문제'라고 합니다. 프라이버시의 보호는 개인 정보가 다른 사람에게 유출되는 것을 막는 것에만 그치지 않습니다. 인공지능이 내 정보를 언제, 어떻게, 얼마나 수집하는지, 어디에 쓸 것인지를 아는 것도 그만큼이나 중요합니다. 그래야 내가 원하는 것은 허용하고

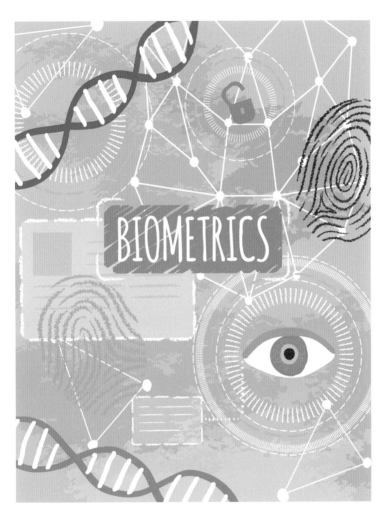

BIOMETRICS

나의 정보를 내 뜻대로 다룰 수 있는 권리가 정보 주권입니다.

원하지 않는 것은 거부할 수 있기 때문입니다. 인공지능이 내 정보를 어떻게 사용하는지 모른다면, 나는 인공지능이 내 정보를 어떻게 사용하든 어떤 이의제기도 할 수 없을 테니까요. 그러므로 인공지능과 프라이버시 문제에서 중요한 것은 나의 정보를 내 뜻대로 다룰 수 있는 권리와 그 권리의 보장입니다. 이것을 '정보 주권(information sovereignty)'이라고 합니다.

그렇다면 정보 주권은 어떻게 보장될 수 있을까요. 전 세계 인공지능 윤리 원칙 및 가이드라인은 공통적으로 인공지능을 만들 때부터 신중하게 움직여야 한다고 말합니다. 데이터를 수집하는 단계부터 개인을 식별할 수 있는 정보, 혹은 개인 식별을 위해 이용될 수 있는 정보가 있는지를 먼저 검토하고 이를 최소화해야 합니다. 그중에서도 개인에게 중대한 영향을 미칠 수 있는 정보에는 특별한 주의가 필요합니다. 이를 민감 정보라고 하는데요, 말 그대로 누군가에게 매우 민감한 부분이 될 수 있는 정보입니다. 예를 들면 유전자 정보, 병력, 건강 상태 등이 이에 속합니다. 하지만 인공지능 개발 및 활용을 위해 꼭 필요한 정보라면 어떻게 해야 할지 궁금해집니다. 개인의 건강 상태를 체크하는 인공지능에게 건강과 관련된 정보를 수집하지 말라고 할 수는 없으니까요.

이때는 인공지능이 데이터를 수집하는 목적을 명확하게 밝히고 그 목적으로만 데이터를 수집하도록 해야 합니다. 목적은 현행법을 위반하지 않아야 하고 목적에 맞는 범위 내에서만 개인 정보를 활용해야 합니다. 그리고 수집하는 정보의 주인에게 반드시 개인 정보 수집 범위 및 처리 방침에 대해 밝히고 동의를 받아야 합니다. 따라서 이와 관련된 내용은 이용자가 충분히 확인하고 이해할 수 있는 방식으로 전달되어야 합니다. 예를 들어, 읽기 어려운 곳에 작은 글씨로 되어 있거나 창이 가려져 있지 않아야 합니다. 너무 어려운 전문 용어는 쉽게 풀어서 설명할 필요가 있습니다. 또한 동의 여부는 강제로, 어쩔 수 없이 이루어지는 것이 아니라 그 사람의 뜻에 따라 이루어져야 합니다. 다시 말해 개인이 동의할 것인지, 동의하지 않을 것인지에 대한 선택의 자유를 보장해야 합니다.

이러한 이유로 특히 만 14세 미만 아동의 정보를 처리하는 데는 더 큰 주의를 기울여야 합니다. 우리는 아주 어릴 때부터 유튜브, 틱톡 등을 이용하면서 다양한 정보를 얻거나 제공하고 있습니다. 사람이라면 누구나 개인 정보의 주인이지만, 아직 어려서 나의 개인 정보가 무엇에 얼마나 이용되는지, 어떤 위험이 있는지 잘 이해하지 못할 수도 있습니다. 그래서 아동을 위한 국제기구인 유니세프(UNICEF)는 어린이의 나이와 이해도에 맞게 정보 이용에 대한 충분한 설명을 제공하고, 어린이들이 이해하고 납득했을 때만 동의하게 하는 것이 중요하다고 강조합니다. 처음 들을 때는 아무 문제 없는 것처럼 보이는 내용도 조금만 더 생각해 보면 큰 문제가 될 여지를 포함할 수 있으므로 경우에 따라서는 부모님이나 선생님, 사회복지사 같은 보호자가 동의할 수 있도록 해야 합니다.

그뿐 아니라 이용자가 원할 때마다 내 정보가 어디에, 어떻게 쓰이고 있는지도 확인할 수 있어야 합니다. 만일 정보가 잘못 기록된 경우에는 정정을 요구하거나, 더 이상 정보 제공 및 공개를 원하지 않는 경우에는 삭제를 요구할 권리가 보장되어야 합니다. 마지막으로 개인 정보는 안전하게 보관해야 하며, 목적을 위해 사용된 개인 정보는 너무 오래 보관하지 않고 일정 기간 내에 삭제 처리해야 합니다. 안전한 보관과 처리를 위해서는 개인 정보를 다루는 직원이 개인 정보 처리 방침에 대해 교육받아야 하며, 개인 정보 접근 권한이 있는 사람이 아니면 정보에 접근할 수 없도록 해야 합니다.

정보 주권의 보장, 더 많은 고민이 필요해

나에 대한 민감한 정보가 나도 모르는 사이에 내 뜻이나 이용 목적과 상관없이 수집되고, 아무에게나 전달되거나 쉽게 접근할 수 있게 되는 것은 누구도 원하지 않습니다. 그러나 이런 당연한 이야기가 잘 지켜지지 않는 경우가 의외로 많습니다.

2022년 5월, 페이스북과 인스타그램 서비스를 제공하는 회사 '메타'는 개인 정보 제공을 강제하는 것과 다름없는 규칙을 발표합니다. 개인 정보 처리 방침 개정을 공지하면서 개인 정보의 수집 및 이용, 개인 정보의 제공, 개인 정보의 국가 간 이전, 위치 정보 서비스 약관 등 6가지의 변경된 사항을 밝히고 이 사항에 대한 동의를 요청합니다. 그러나 변경 사항에 관한 동의를 '필수' 항목으로 처리하고 동의하지 않으면 서비스 이용을 하지 못하도록 조치했습니다. 사실상 동의를 강제한 것이나 마찬가지였지요. 이에 대한 문제 제기가 계속된 끝에 메타는 결국 동의를 강제하지 않기로 결정합니다.

하지만 동의를 강제하지만 않을 뿐, 페이스북이나 인스타그램을 사용하면 무조건 개정된 정책이 적용됩니다. 내가 동의를 하지 않았을 뿐, 바뀐 규정이 적용되는 것은 마찬가지라는 의미입니다. 게다가 메타가 수집하는 데이터의 범위는 매우 넓습니다. 일단 서비스를 사용하기 위해 입력한 프로필(이름, 연락처, 학력, 직업 등), 내가 올린 사진과 글들, 댓글, 친구 관계, '좋아요' 기록 등 다양한 서비스 이용 기록을 수집합니다. 또한 내가 사용하는 컴퓨터와 스마트폰 종류, 운영체제, 내 스마트폰이 탐지하는 전파(기지국, GPS, 와이파이, 블루투스 등)와 신호의 강도, 아이피 주소 등도 수집합니다. 그뿐 아니라 내가 다른 사이트에서 무엇을 했는지를 뜻하는 '행태 정보'도 수집합니다. 예를 들어 내가 어떤 사이트에 접속했고 무엇을 주문했는지, 내가 실행한 앱이

메타(Meta) - 미국의 종합 IT 기업. 마크 저커버그가 주도하여 창업했다.
2021년 기준, 미국에서 5번째로 시가총액 1조 달러를 달성했다.

무엇인지에 대한 정보입니다. 심지어 페이스북이나 인스타그램에 로그인하지 않은 상태일 때도 나의 정보는 수집되고 있습니다. 그 과정에서 민감한 정보가 수집될 수도 있겠지요. 그러나 이용자들은 이 사실을 알지 못했습니다. 메타가 제대로 안내하지 않았기 때문입니다. 결국 이용자들은 자신도 모르는 사이에 자신의 정보를 타인에게 제공하게 된 것입니다. 개인의 정보 주권이 침해당한 것이지요. 결국 메타는 개인정보보호법 위반 혐의로 시정 명령과 과징금을 부과받았습니다. 구글도 마찬가지입니다. 구글 역시 다른 사이트에서 무엇을 했는지에 관한 데이터를 수집하고, 이용한다는 사실을 정확하게 알리지 않았으며, 그와 관련한 설명을 제대로 노출하지 않고 숨겨둔 채 기본값을 미리 '동의'로 설정해 둔 사실이 드러난 것입니다.

이제는 SNS에서 자신의 정보를 공유하거나 특정 앱에 자신의 일상을 기록하는 것은 자연스러운 일이 되었습니다. 그래서 직접 피부에 와 닿는 피해를 입기 전에는 개인 정보 문제를 크게 신경 쓰지 않기도 합니다. 편리함을 위해 개인 정보를 활용하는 것을 당연하게 여기기도 하지요. 지문이나 얼굴 이미지를 이용하여 핸드폰의 잠금을 해제하고 은행 거래를 하는 것처럼요.

그러나 편리함은 때로 위험을 동반합니다. 얼굴, 지문, 목소리, 홍채 등을 우리의 몸과 관련된 정보라 하여 '생체정보'라고 하는데요,

문제는 생체정보는 한 번 유출되면 그 피해가 매우 심각하다는 것입니다. 우리가 원하지 않았는데 전화번호가 유출되었다고 하면 전화번호를 바꾸는 방식으로 대응할 수 있습니다. 하지만 생체정보는 우리가 쉽게 바꿀 수 없습니다. 그래서 한 번이라도 유출되거나 악용될 경우 돌이킬 수 없는 피해를 당할 수도 있습니다. 중국에서는 정부가 수집한 국민의 생체정보가 유출되어 싼값에 거래되면서 큰 논란이 일기도 했습니다. 인공지능이 활용하는 정보와 인공지능이 추론할 수 있는 정보가 늘어날수록 이러한 위험 가능성은 점점 높아집니다. 우리의 정보 주권을 더 잘 보장할 수 있는 인공지능은 어떤 것일지 더 많은 고민이 필요한 이유입니다.

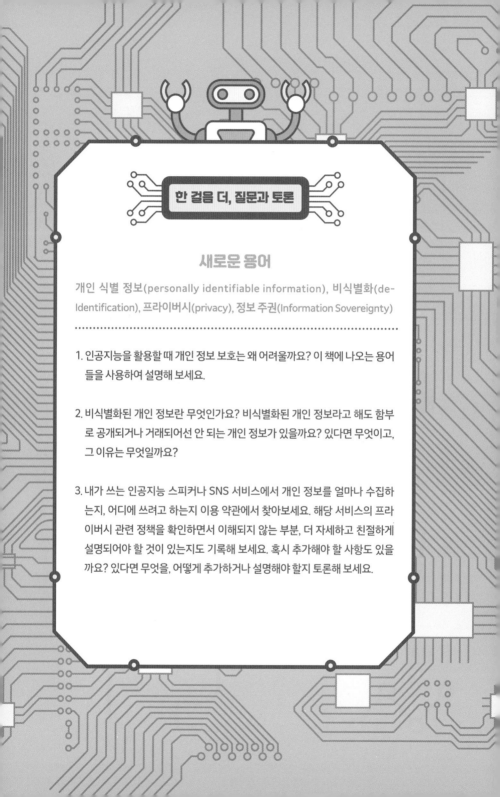

한 걸음 더, 질문과 토론

새로운 용어

개인 식별 정보(personally identifiable information), 비식별화(de-Identification), 프라이버시(privacy), 정보 주권(Information Sovereignty)

....

1. 인공지능을 활용할 때 개인 정보 보호는 왜 어려울까요? 이 책에 나오는 용어들을 사용하여 설명해 보세요.

2. 비식별화된 개인 정보란 무엇인가요? 비식별화된 개인 정보라고 해도 함부로 공개되거나 거래되어선 안 되는 개인 정보가 있을까요? 있다면 무엇이고, 그 이유는 무엇일까요?

3. 내가 쓰는 인공지능 스피커나 SNS 서비스에서 개인 정보를 얼마나 수집하는지, 어디에 쓰려고 하는지 이용 약관에서 찾아보세요. 해당 서비스의 프라이버시 관련 정책을 확인하면서 이해되지 않는 부분, 더 자세하고 친절하게 설명되어야 할 것이 있는지도 기록해 보세요. 혹시 추가해야 할 사항도 있을까요? 있다면 무엇을, 어떻게 추가하거나 설명해야 할지 토론해 보세요.

4

인공지능이 심사하면 더 공정할까?

2020년 여름, 영국에서는 우리나라의 수능 시험에 해당하는 고등학교 졸업시험(A레벨 테스트)을 볼 수가 없었습니다. 코로나가 한창일 때여서 대면 시험을 치르기가 어려웠기 때문입니다. 하지만 졸업과 대학 입학을 미룰 수는 없는 노릇이어서 영국 정부는 시험을 보는 대신 인공지능을 활용하여 학생들에게 점수를 부여하기로 했습니다.

그러나 이 결정은 예기치 못한 결과를 낳습니다. 교사가 학생의 평균 점수에 따라 예측한 점수보다 한 등급 이상 낮은 학점을 받은 학생이 약 40％나 되었기 때문입니다. 보통 영국의 대학 입학은 수험생이 시험을 보기 전에 먼저 지원하고, 졸업시험 점수에 따라 최종 합격 여부를 결정합니다. 그래서 잘 나올 줄 알았던 졸업시험 성적을 조건으로 대학에 사전 입학 허가를 받은 학생 중 일부는 입학이 취소될 위기에 놓이게 됩니다.

차라리 모든 수험생이 평소보다 낮은 점수를 똑같이 받았다면 상황이 조금이나마 나았을지 모릅니다. 더 큰 문제는 지역과 소속 학교에 따른 차별이었습니다. 상대적으로 부유한 지역의 사립고등학교에 다니는 학생들은 더 좋은 점수를 받았고, 반면 소득수준이 낮은 지역의 공립고등학교에 다니는 학생들은 더 낮은 점수를 받았습니다. 영국에서 가장 소득수준이 낮은 지역의 한 학생은 모의고사에서 'AAA'를 받는 우등생이었지만, 알고리즘의 점수 평가는 'BBB' 등급이었습니다. 원래 받던 점수보다 낮은 성적이 나온 것이지요. 소속된 학교가 평균적으로 받아 왔던 입시 성적이 학생 개인에게도 반영되었기 때문입니다. 이로 인해 입시 알고리즘의 불공정성에 대한 불만과 항의가 빗발쳤고, 수험생들이 모여 시위를 하기도 했습니다. 결국 영국 대입시험감독청은 인공지능이 부여한 점수로 학생의 성적을 산출하기로 한 최초의 결정을 철회합니다.

인간보다 공정할 것이라는 착각

이런 일이 한국에서 일어난다면 어떨까요. 인공지능이 예측한 내 점수가 심지어 평소 받던 성적보다 낮게 나온다면, 게다가 점수가 낮은 이유가 내가 사는 동네와 소속 학교 때문이라면 아마 영국보다 더 큰 사회적 논란이 발생할 것입니다.

흥미로운 점은, 영국 정부가 본디 공정한 입시를 위해 알고리즘 평가를 도입했다는 사실입니다. 코로나로 인해 모일 수 없는 것만이 문제였다면 알고리즘 평가 외에 다른 방식도 있었을 것입니다. 예를 들어 교육 전문가에게 평가를 맡길 수도 있었을 것입니다. 그러나 영국 정부는 학생들의 성적 평가를 인공지능이 대신하도록 했습니다. 교사들이 학생의 점수를 예측하고 평가할 때 나이, 성별, 인종 등에 따라 다르게 판단한다는 사실이 그동안의 연구를 통해 밝혀졌기 때문이었지요. 사람이 사람을 평가할 때는 마음 속 고정관념이나 편견 등에 영향을 받을 수 있다는 것입니다. 그래서 영국 정부는 사람 대신 알고리즘을 택했습니다. 알고리즘은 사람과 달리 마음의 영향을 받지 않고 특정한 의도를 가질 수 없으니까요.

사람은 기분에 따라 다른 결정을 내릴 수 있고 심지어 누군가를 유리하게 대하거나 불리하게 대해야겠다고 일부러 마음먹을 수도 있습니다. 또한 사람은 피곤하면 업무 처리가 늦어지거나 부정적인 기분이 들기도 합니다. 미국 컬럼비아대학 비즈니스 스쿨 조나단 레바브(Jonathan Levav) 교수의 연구에 따르면, 판사의 결정이 피로나 배고픔 등에 영향을 받는 것으로 드러났습니다. 피로하거나 밥을 먹기 전에는 주로 현상을 유지(가석방 요청 기각)하는 판단을 내리고, 그렇지 않을 때는 현상을 뒤집고 긍정적인 경향(가석방 요청 승인)의 판단을 한다고 합니다. 하지만 기계는 그렇지 않습니다. 그래서 사람들은 흔히 기계가 사람보다 공정할 것이라고 기대합니다. 기계는 어느 한 편으로 치우치거나 흔들릴 마음도, 사람처럼 피로함이나 배고픔을 느낄 몸도 없으니까요. 인공지능에 대해서도 마찬가지입니다. 그러나 인공지능 활용의 역사는 인공지능이 인간보다 공정할 것이라는 기대가 일종의 환상이자 착각임을 알려줍니다. 몸이 없어도, 마음이 없어도, 그러므로 어떤 의도가 없어도 인공지능은 결과적으로 차별을 낳을 수 있습니다.

2007년경부터 지금까지 기계 번역(Machine Translation)의 성차별 사례는 반복적으로 발견됩니다. 번역하기 전의 원래 문장이 명백하게 여성을 가리키는 문장도 영어로 번역되면 남성 대명사가 되거나, 특정 성별을 가리키지 않는 단어 혹은 성 중립 대명사 역시 남성형으로 번역한 경우가 많았습니다. 예를 들어 "내 동생은 의사를 만나러 갔다."라는 성별 중립적 문장이 "My brother went to see his doctor"로 번역되는 식입니다. 인공지능 학습에 활용되는 영어 텍스트에 이미 남성 대명사가 많고, 기계 번역 개발에 사용된 텍스트 자료에도 남성 대명사가 많이 사용되었기 때문입니다. 의사, 정치인, CEO 등은 주로 남성으로 번역되고 비서, 간호사 등은 주로 여성으로 번역된다는 연구도 있었습니다.

사람들은 흔히 기계가 사람보다 공정할 것이라고 기대합니다.
기계는 어느 한 편으로 치우치거나 흔들릴 마음도,
사람처럼 피로함이나 배고픔을 느낄 몸도 없으니까요.

2015년에는 구글 포토의 자동 태그가 흑인 얼굴 이미지에 '고릴라' 태그를 붙이는 사실이 밝혀져 큰 사회 문제가 되었습니다. 사진을 올리면 이미지를 자동으로 식별하여 이미지에 따라 풍경, 음식, 사람 등의 태그를 달아주는 인공지능 이미지 자동 태그 기능인데, 피부색이 밝은 사람의 얼굴은 제대로 인식했지만 피부색이 어두운 사람의 얼굴은 제대로 인식하지 못하여 일어난 일입니다. 2015년의 문제라니까, 당시에는 기술이 발전하지 않아서 그랬을 것이라고 추측할 수도 있습니다. 그러나 2018년의 '젠더 쉐이드 프로젝트(Gender Shade Project)'는 여전히 인공지능의 인종차별과 성차별을 발견해 내고 있습니다. 전 세계에서 가장 사용자가 많은 회사의 인공지능 안면 인식 프로그램 3종류(IBM, 마이크로소프트, 페이스++)를 분석한 결과, 피부가 어두울수록 얼굴 인식 성공률이 낮았습니다. 또한 남성에 비해 여성의 얼굴 인식 성공률이 낮았습니다. 피부가 어두운 여성이라면 잘못 판단할 확률은 더욱 높아집니다. 만일 이 안면 인식 프로그램을 사용해서 면접이나 출퇴근 기록, 출입국 심사를 한다면 피해는 더욱 심각해지겠지요.

차별은 지금도 계속해서 반복되고 있습니다. 최근에는 글자를 입력하면 곧바로 이미지를 만들어주는 이미지 자동 생성 인공지능의 차별이 보고되었습니다. 미국 언론사 블룸버그가 이미지 생성 AI인 스테이블 디퓨전(Stable Diffusion)으로 실험해 본 결과입니다. 의사, 변호사, 판사, CEO 등 소위 '고소득'으로 간주되는 직업은 대부분 피부가 밝은 남성 이미지로 제작되었습니다. 반면에 패스트푸드 알바생, 계산원, 가사 도우미 같은 소위 '저소득'으로 생각되는 직업에 대한 이미지는 대부분 유색인종, 그 가운데서도 주로 여성으로 제작되었습니다.

혹시 이것이 현실을 있는 그대로 반영한 비율은 아닐까요? 그러나 블룸버그가 미국의 직업별 인종과 성별 분포도를 실제로 조사해서 비교한 결과, 인공지능은 고소득 직업에서는 여성을 적게 나타냈고 저소득 직업에서는 오히려 여성 이미지를 많이 제작한 것으로 드러났습니다. 미국의 판사 중 여성은 34%이지만, 이미지 생성 AI의 제작 결과물에서 여성은 단 3%인 것으로 드러났습니다. 또 패스트푸드 알바생의 70%가 백인이지만, AI의 이미지 생성 결과에는 유색인종이 많았습니다. 사람들은 인공지능이 사람보다 공정할 것이라 기대하고, 그렇지는 않더라도 최소한 인공지능이 현실을 있는 그대로 보여줄 것이라고 생각합니다. 그러나 인공지능은 현실을 있는 그대로 반영하지 않습니다. 인공지능은 현실에 존재하는 차별적 생각과 이미지를 그대로 반영합니다. 그래서 사람을 대신하여 인공지능에게 맡긴 결과가 훨씬 더 차별적일 수도 있습니다.

인공지능의 편향성,
인공지능은 사회의 생각을 반영한다

어째서 이런 일이 벌어지는 것일까요. 콩 심은 데 콩 나고 팥 심은 데 팥 난다는 속담이 있습니다. 원인에 따라 결과도 달라진다는 말입니다. 인공지능 역시 인공지능을 만든 원인에 영향을 받습니다. 인공지능은 사람에 의해 설계되고 사람의 데이터를 통해 배웁니다. 그러므로 인공지능은 현실을 반영합니다. 인공지능이라고 '무조건' 공정하지는 않다는 것입니다. 인공지능은 언제나 현실이라는 조건 속에서 만들어지고 작동합니다. 따라서 현실이 차별적이라면 그 현실을 그대로 반영하는 인공지능의 작동 결과 역시 차별적일 것입니다.

만일 인공지능을 설계하는 알고리즘이나 인공지능을 훈련한 데이터가 편견에 물들어 있다면 그로부터 만들어진 인공지능 역시 그 편견에 따라 작동할 수밖에 없습니다. 이것을 인공지능의 '편향성(bias)'이라고 합니다. 편향성이란 '한쪽으로 기울어져 있다, 치우쳐 있다'는 뜻입니다. 앞에서 말한, 안면 인식 인공지능이 인종과 성별에 따라 인식률이 달라지는 문제가 대표적인 사례입니다. 연구 결과, 해당 인공지능을 개발할 때 활용한 훈련용 데이터의 대부분이 백인 남성의 얼굴 이미지였다는 사실이 밝혀졌습니다. 다른 인종과 성별의 얼굴 이미지를 가려내는 일에는 충분히 훈련되지 않은 것입니다. 이런

인공지능을 설계하는 알고리즘이나 인공지능을 훈련한 데이터가

편견에 물들어 있다면 그로부터 만들어진 인공지능 역시 그 편견에 따라

작동할 수밖에 없습니다.

것을 두고 인공지능에 활용된 데이터가 한쪽으로 치우쳐 있다는 뜻에서 '데이터 편향성(Data Bias)'이라고 말합니다.

그러므로 인공지능 개발에 활용하는 학습 데이터가 특정 집단만 대표하는 것은 아닌지, 다시 말해 한쪽으로 치우치지 않았는지 주의해야 합니다. 편향성은 의도와 상관이 없습니다. 아무리 공정하려고 해도 사용한 데이터가 전체를 공정하게 반영하지 않으면 인공지능은 편향적으로 구성되고 결과적으로 차별이 발생합니다.

안면 인식 프로그램을 개발할 때도 특정 인종이나 성별만을 인식하는 프로그램을 만들려 하지 않았을 것입니다. 요즈음의 기술 서비스는 전 세계를 대상으로 합니다. 구글이나 애플에서 제공하는 기술 서비스를 특정 국가나 특정 인종, 특정 성별만 쓰지는 않잖아요. 앞서 언급한 회사 모두 다양한 사람의 얼굴을 고루 잘 인식하는 인공지능을 만들려 했을 것입니다. 한국에 사는 '김수지'에게는 잘 작동되는 인공지능이 미국에 사는 '스미스'에게는 잘 작동되지 않는다면, 그리고 그런 경우가 대부분이라면, 사람들은 인공지능을 믿고 쓰지 못할 것이기 때문입니다. 누구나 믿고 쓰는 기술을 만들려면 편향적이지 않게, 균형 있게 작동하는 것이 중요합니다. 그러므로 인공지능의 편향성 문제는 인공지능 기술을 믿고 쓸 수 있는지, 기술의 정확성과 신뢰성의 문제와도 연관됩니다.

사람과 상황을 가려서 작동하는 것이 아니라, 다양한 조건과 상황에 놓인 사람에게 똑같이 잘 작동하려면 어떻게 해야 할까요. 일단 한쪽으로 치우친 데이터가 아니라 세계 전체를 공정하고 균형 있게 반영하는 데이터가 필요할 것입니다. 골고루, 다양하게 반영한 데이터라는 뜻에서 이를 '데이터 다양성'을 추구한다고 표현합니다. 인공지능을 개발하는 첫 단계부터 사회에 내어놓는 최종 단계까지, 그 과정에서 사용되는 모든 데이터가 다양한 사람의 관점과 경험 등을 충분히 반영할 수 있어야 합니다.

특히 과거의 데이터를 사용할 때는 섬세한 주의가 필요합니다. 만일 과거부터 누적된 데이터를 단순 반영한다면 인공지능이 그리는 사회는 과연 평등할까요? 지금까지의 역사 속에서 신분제가 있던 기간이 더 길었으니, 그런 데이터가 많은 인공지능은 신분제가 있는 사회를 당연한 사회처럼 묘사할 것입니다. 그러므로 역사를 '그대로' 반영하는 것은 공정하고 균형 잡힌 데이터가 될 수 없습니다. 또한 데이터를 수집하는 방식도 생각해 봐야 합니다. 스마트폰으로 이용자의 정보를 수집한다면, 스마트폰을 이용하지 않는 사람의 정보는 아예 수집되지 않을 것입니다. 키오스크로 데이터를 수집한다면, 키오스크가 낯설어 쓰기 어려워하는 사람들의 정보는 제대로 수집되지 않겠지요. 손글씨로만 남기고 컴퓨터 파일 형식으로 저장되지 않는 자료 역시 무시되기 쉽습니다.

데이터만 문제가 되는 것은 아닙니다. 데이터를 다루는 규칙이 편향되어 있다면 이 역시 문제가 됩니다. 땅이 한쪽으로 기울어져 있다면 아무리 다양한 색깔의 구슬이 있어도 구슬이 흘러가는 방향은 단 한 방향일 것입니다. 구슬이 움직이는 방향을 정하거나 안내하는 것이 바로 알고리즘입니다. 알고리즘은 데이터를 어떻게 처리할지, 데이터를 어떻게 다룰지를 정하는 규칙입니다. 편향되지 않은 데이터가 있어도 알고리즘이 편향되어 있다면 인공지능은 결국 편향되게 작동할 수밖에 없습니다. 이것을 '알고리즘 편향성(Algorithm Bias)'이라고 합니다.

다시 한번 영국 입시 알고리즘 이야기로 돌아가 볼까요. 영국 입시 알고리즘이 학생들의 사는 지역과 학교에 따라 성적을 다르게 준 이유는, 알고리즘이 학생들의 소속 학교가 거둔 평균 성적을 학생 개인의 성적과 연결지었기 때문입니다. 학교의 평균 점수는 학생 전체의 성적을 합산하여 그 중간값을 확인하는 것입니다. 따라서 시험을 잘 본 학생이 많으면 많을수록 학교의 평균 성적이 올라가겠지요. 그러므로 평균 성적이 높을수록 그 학교에는 시험을 잘 본 학생들이 많을 수 있습니다. 그러나 그 학교에 다닌다고 모두가 성적이 높을 거라는 법은 없습니다. 반대로 평균 성적이 낮은 학교에 다닌다고 본인의 성적이 꼭 낮을 거라는 법도 없습니다. 100점 맞은 학생과 50점 맞은 학생이 있다면 평균 점수는 75점입니다. 한편 75점 맞은 학생 두 명이 있어도 평균 점수는 75점입니다. 평균 점수가 같아도 그 평균을 이루는 학생들의 점수는 제각각입니다. 그러나 영국 입시 알고리즘은 평균 점수가 높은 학교에 다니는 모든 학생의 점수를 높게 평가하고, 평균 점수가 낮은 학교에 다니는 모든 학생의 점수를 낮게 평가했습니다. 평균 점수가 높거나 낮은 '사실'이 있다고 해서 그 사실이 학생 개개인의 점수를 평가할 타당한 '근거'가 되는 것은 결코 아닙니다. 학교의 평균 점수가 개인의 시험 점수를 결정하는 근거는 아니니까요. 이처럼 알고리즘이 실제로는 뚜렷한 인과 관계가 아닌 요소들을 서로 밀접한 관련이 있는 것처럼 다룰 때, 현실은 왜곡되기 쉽습니다.

그러므로 알고리즘을 설계할 때는 시대 상황과 사회적 조건, 개인과 집단의 차이 등을 함께 생각하고 충분히 고려해야 합니다. 집단의 다수가 어떤 특성을 지닌다고 해서 집단 내의 모든 사람이 그런 특성을 지닌다는 뜻은 아닙니다. 또한 지금까지 사실이었다고 해서 그 사실이 옳은 것, 정당한 것이라는 보장은 없습니다. 사회에 잘못된 점이 있다면 우리는 잘못된 점을 고쳐 나가려고 하지 잘못된 점이 '옳은 것'이라고 말하지는 않으니까요.

그렇다면 시대와 사회적 변화, 집단과 개인의 차이 등을 고려하면서 좋은 인재를 공정하게 뽑기 위해서는 무엇을 어떻게 고려해야 할까요? 그중에서도 비중을 높여 반영해야 하는 요소는 무엇이고, 현재 상황에 맞추어 조정이 필요한 요소는 무엇일까요? 이러한 것이 바로 알고리즘을 설계할 때 반드시 생각해야 할 문제입니다. 그리고 이런 문제들은 알고리즘을 만드는 상황과 영역에 따라 얼마든지 달라질 수 있기 때문에 더 많은 고민과 주의가 필요합니다. 그렇지 않으면 아무리 다양한 자료를 수집하더라도 공정하지 않고 치우친 판단을 내릴 뿐입니다. 공정한 알고리즘은 안정적 기술 활용의 문제이기도 합니다. 우리가 사용할 알고리즘은 특별한 사람들 몇몇에게만 잘 작동하는 것이 아니라 우리 모두에게 치우침 없이 작동해야 하기 때문입니다.

따라서 알고리즘을 만들 때부터 차별이 발생하지 않도록 공정성과 다양성을 주의 깊게 고려하는 일은 반드시 필요합니다. 이것을 '윤리적 알고리즘 설계' 혹은 '책임 있는 알고리즘 설계'라고 합니다. 이를 위해서는 내가 지금까지 경험한 것만이 아니라 인공지능으로 인해 차별이 발생할 경우 피해를 보기 쉬운 사람이 누구인지, 어떤 환경 속에 있는지 충분히 생각해야 합니다. 최근에는 공정한 알고리즘 설계를 위해 알고리즘이 편향되어 있는지 아닌지를 검사하는 알고리즘 도구도 개발되어 공개되고 있습니다.

생각하지 않으면 차별하게 된다

어떤 차별이 반복되면 사람들은 그 차별을 '자연스러운' 일처럼 생각하기 쉽습니다. '원래 그런 거 아니야? 그게 당연한 거 아니야?'라고 생각하게 되는 것이지요. 우리는 자주 일어나는 일, 익숙한 일이 당연히 그렇게 되어야 하는 일, 옳은 일이라고 착각하기 쉽습니다. 사람들이 공공질서를 무시하고 무단횡단을 자주 한다면, 우리는 길을 걸을 때 무단횡단하는 사람을 '자연스럽게' 목격하게 될 것입니다. 그렇다고 무단횡단이 옳은 일, 우리가 해도 괜찮은 일이 되는 것은 아닙니다.

그렇다면 자연스러울 정도로 익숙한 일은 옳은 일이라는 잘못된 생각과 인공지능은 인간보다 공정할 것이라는 착각이 만나면 어떻게 될까요. 우리는 분명 인공지능의 차별을 더욱 알아차리기 어려워질 것입니다. 사람이 하는 일이었다면 실수를 하거나 편견을 가질 수 있다는 생각에 주의를 기울여 검토하지만, 인공지능은 그렇지 않을 것이라 기대하며 인공지능의 작동과 그 결과를 충분히 검토하지 않을 수 있기 때문입니다. 게다가 그렇게 생산된 차별적인 결과가 다시 인공지능을 학습시키기 위한 데이터가 되고, 인공지능이 해야 할 일을 지시하고 안내하는 알고리즘에 영향을 주게 됩니다. 만약 이런 인공지능이 선생님이 되고, 판사가 되고, 채용 면접관이 된다면 어떨까

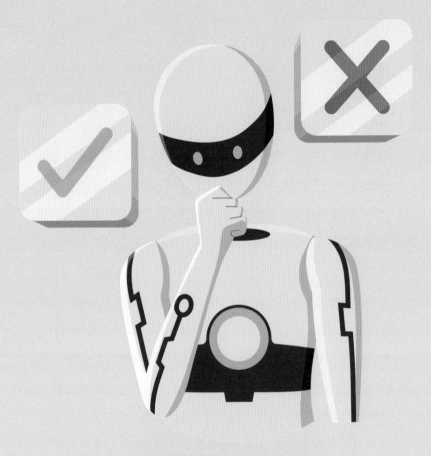

인공지능은 인간 대신 많은 일을 할 수 있습니다.
그러나 '공정함' 만큼은 인공지능이 인간을 대신해 줄 수도 없고
인간보다 잘할 수도 없습니다.

요. 인공지능을 쓰면 쓸수록 현실의 부당한 차별은 더욱 강화될 것입니다. 그렇다면 우리는 인공지능이 쓰이는 곳을 의심의 눈초리로 바라볼 수밖에 없을 것입니다. 당연히 인공지능의 사용을 둘러싼 사회적 갈등은 더욱 커지겠지요.

차별과 공정함은 생각보다 복잡합니다. 공정함과 차별하지 않음이란 100kg, 30cm처럼 숫자로 딱 떨어지지 않기 때문입니다. 누군가를 존엄한 인간으로 인정하고 대우하는 일에는 그 사람의 성별, 피부색, 국적 등이 문제가 되지 않습니다. 이는 곧 그 사람의 성별, 피부색, 국적 등을 모두 인정한다는 뜻이기도 합니다. 그렇기에 무엇이 공정한지, 공정하기 위해서는 어떻게 해야 하는지, 어떤 상황에서의 어떤 행동이 차별인지 아닌지에 대해서는 더 많은 고민이 필요합니다. 그러나 우리를 고민스럽게 한다고 해서 그것이 꼭 나쁘거나 성가신 것만은 아닙니다. 그만큼 우리는 더 많이 생각하고 더 많은 것을 받아들이면서 인정할 수 있게 됩니다. 그만큼 나 자신만의 다양성 역시 인정받을 수 있게 되겠지요.

인공지능은 인간 대신 많은 일을 할 수 있습니다. 짧은 시간 안에 복잡한 계산하기처럼 인간보다 훨씬 잘하는 일도 많지요. 그러나 '공정함' 만큼은 인공지능이 인간을 대신해 줄 수도 없고 인간보다 잘할 수도 없습니다. 무엇이 공정한지, 어떻게 해야 공정해지는지, 공정함이 왜 중요한지 생각하고 결정하는 것은 인공지능의 책임이 아니라 인간의 책임이기 때문입니다. 데이터 편향성과 알고리즘 편향성에 주의를 기울이는 것은 차별이 발생하기 전에 한 발 앞서 나아가 주의하고 예방하는 일입니다. 더불어서 우리는 이미 발생한 차별이 무엇이고, 그 차별의 상황을 어떻게 개선할 수 있을지도 함께 생각할 필요가 있습니다.

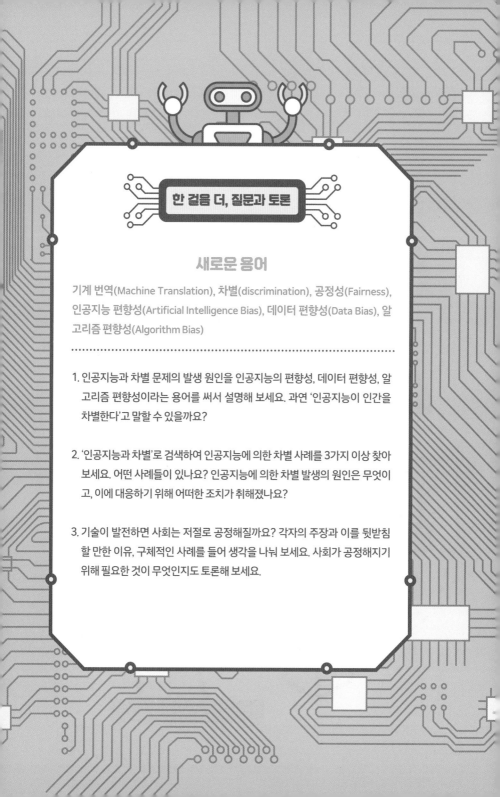

한 걸음 더, 질문과 토론

새로운 용어

기계 번역(Machine Translation), 차별(discrimination), 공정성(Fairness), 인공지능 편향성(Artificial Intelligence Bias), 데이터 편향성(Data Bias), 알고리즘 편향성(Algorithm Bias)

1. 인공지능과 차별 문제의 발생 원인을 인공지능의 편향성, 데이터 편향성, 알고리즘 편향성이라는 용어를 써서 설명해 보세요. 과연 '인공지능이 인간을 차별한다'고 말할 수 있을까요?

2. '인공지능과 차별'로 검색하여 인공지능에 의한 차별 사례를 3가지 이상 찾아보세요. 어떤 사례들이 있나요? 인공지능에 의한 차별 발생의 원인은 무엇이고, 이에 대응하기 위해 어떠한 조치가 취해졌나요?

3. 기술이 발전하면 사회는 저절로 공정해질까요? 각자의 주장과 이를 뒷받침할 만한 이유, 구체적인 사례를 들어 생각을 나눠 보세요. 사회가 공정해지기위해 필요한 것이 무엇인지도 토론해 보세요.

5

인공지능이 우리의 일자리를 대체할까?

최근에는 명령어를 입력하는 것만으로도 인공지능이 알아서 이미지를 생성해 줍니다. 인공지능이 알아서 이미지를 만들기 위해서는 다양한 데이터 학습이 필요합니다. 그 과정에서 작가가 창작한 이미지나 고유한 그림체 등을 인공지능이 무단 도용할 수 있다는 우려가 커지고 있습니다.

2022년 9월, 일본에서 개발한 생성형 AI 서비스 '미믹(mimic)'이 공개 하루 만에 서비스를 중지했습니다. 미믹은 특정 작가의 그림을 학습하여 거의 비슷한 스타일로 그려 주는 서비스입니다. 최소 15장만 학습시키면 2시간 만에 비슷한 스타일의 그림을 만들 수 있습니다. 물론 학습시키는 데이터가 많으면 많을수록 스타일은 더욱 닮아갈 수 있습니다. 그러나 미믹은 곧장 이용자들로부터 두 가지 부정적인 반응에 부딪힙니다. 부정 사용 행위를 막을 수 없다는 지적이 첫 번째입니다. 미믹은 다른 사람의 그림을 허락 없이 학습시키는 행위를 금지하고 있으며, 생성된 이미지에는 미믹에 의해 만들어졌다는 표식이 들어갑니다. 그러나 미믹이 남의 작품을 무단 도용하는 부정행위에 쓰이는지를 일일이 체크하는 것은 현실적으로 불가능하다는 주장입니다. 두 번째의 부정적 반응은, 미믹 같은 생성형 AI가 널리 쓰인다면 일러스트레이터의 일자리가 없어질 것이라는 주장입니다.

국내의 경우 일러스트 의뢰 비용은 최소 수십만 원으로, 제작 기간은 2~3주 정도 소요된다고 합니다. 그러나 생성형 AI를 활용하면 비용이나 시간을 크게 줄일 수 있습니다. 실제로 웹소설 표지 제작으로 검색하면, 10만 원대의 가격이 제시된다고 합니다. 그래서 작가 인증 없이 작품을 올릴 수 있는 플랫폼을 중심으로 AI가 만든 웹소설 표지가 널리 이용되고 있다고 합니다. 앞으로는 어떨까요. 인간보다 짧은 시간에, 게다가 싼값으로 일하는 AI가 많아지면 우리의 일자리는 대부분 인공지능에 의해 대체되지 않을까요? 그러면 우리는 어떻게 먹고살지요?

인공지능에게 일자리를 뺏길 거라는 걱정

인공지능이 우리 사회에 본격적으로 도입되던 초기, 인공지능에 대한 가장 큰 걱정과 두려움 역시 일자리를 인공지능이 대체할지 모른 다는 것이었습니다. 2016년 세계경제포럼(WEF)은 인공지능이 불러 일으킬 사회적 문제를 꼽으며, 그중 1순위로 실업의 우려를 제기했 습니다. 세계경제포럼은 소위 '4차 산업혁명'이라고 불리는 기술의 급격하고 전면적인 변화로 인해 2020년까지 700만 개 이상의 일자 리가 사라지고 200만 개 이상의 새로운 일자리가 생길 것이라고 예 측했습니다. 생겨나는 일자리보다 사라지는 일자리가 더 많은 이유 는 기술이 인간의 자리를 대체할 수 있기 때문입니다. 다른 전망들도 대체로 비슷했습니다.

실제로 독일 안스바흐(Ansbach)에 있는 아디다스 신발 공장은 로봇 과 3D 프린터를 이용하여 600명이 하던 일을 단 10명만으로 이끌어 간다고 합니다. 미국의 '아마존 고(Amazon Go)'는 인공지능, 센서, 컴 퓨터 비전 등을 활용하여 판매원과 계산원이 없는 무인 매장으로 운 영됩니다. 손님이 스마트폰의 QR코드를 통해 입장하면, 장바구니 에 담은 상품이 자동 인식되고 결제 역시 먼저 등록된 신용카드로 자 동 처리됩니다. 입장부터 퇴장까지 사람과 마주칠 일이 없어지는 것 이지요.

그래서 사람들은 인공지능이 대체하지 못하는 직업이 무엇인지 생각하기 시작했습니다. 인간만이 할 수 있는 일이 뭔지 발등에 떨어 진 불처럼 고민하게 된 것이지요. 앞으로 일자리를 구하거나 일하고 있던 자리를 잃지 않으려면, 인공지능이 대체하지 못하거나 대체하더라도 쉽게 못 하는 일을 해야 할 테니까요.

인간만이 할 수 있는 일은 무엇일까요. 반대로 인공지능이 인간보다 훨씬 빠르게, 더 잘 수행하는 업무에는 어떤 게 있을까요. 많은 양의 데이터를 인간이 직접 하는 것보다 훨씬 짧은 시간 내에 분석하고 계산할 수 있는 것이 인공지능의 장점입니다. 하지만 인공지능은 인간이라면 쉽게 할 일을 하지 못합니다. 예를 들어 계단을 빠르게 오르내리거나 밥상을 치우는 행동은 현재의 인공지능이 하기 어렵습니다. 인간에게는 그다지 어렵지 않은 움직임을 인공지능이 하려면 매우 복잡한 설계가 요청됩니다.

과학자 한스 모라벡은, 인간에게 어려운 일은 기계에게 쉽고 거꾸로 기계에게 어려운 일이 인간에게는 쉽다고 1998년에 이미 지적한 바 있습니다. 이러한 내용을 '모라벡의 역설(Moravec's Paradox)'이라고 합니다. 모라벡의 생각은 아주 오랫동안 맞는 말로 여겨 왔습니다. 그렇지만 최근에는 인공지능과 로봇 기술의 발달 덕분에 인공지능에게는 어렵다고 생각되었던 일을 이제는 쉽게 해내는 모습도 볼 수 있습니다.

그렇다면 인간에게 남은 것은 무엇일까요. 이를 알기 위해 사람들은 인간만이 지닌 고유한 특성이라 생각되는 것들을 떠올렸습니다.

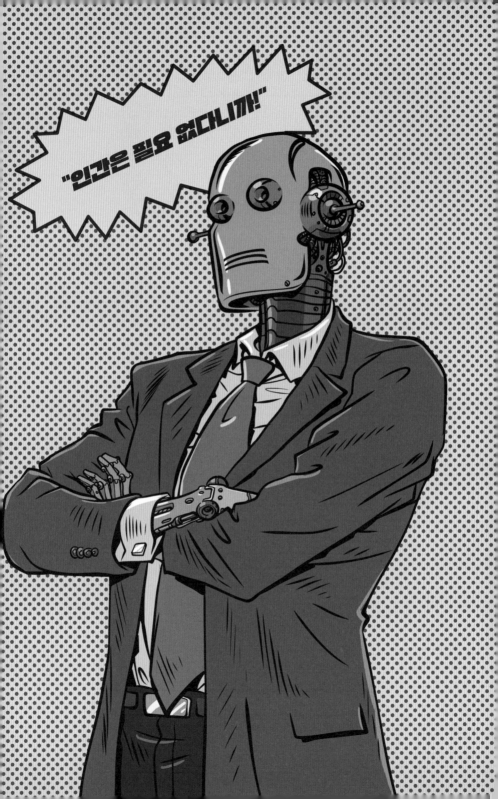

인간에게는 올바른 행동은 하고 올바르지 않은 행동은 하지 않아야 한다는 마음의 소리 곧, 양심이 있습니다. 그러나 인공지능은 양심이 없으니 양심에 꺼려지는 일을 하지 않고, 양심에 따라 다른 사람을 배려하는 행동을 하기는 어려울 것입니다. 또 인간은 지금까지 없던 것에 대해 생각하고 그로부터 새로운 것을 만들어 내는 상상력과 창의력이 있습니다. 그래서 인간은 도덕적인 행동, 예술적 창작을 할 수 있지만 인공지능은 하기 어렵다는 것입니다. 인공지능이 대체하기 어려운 인간의 특성으로는 다른 사람의 아픔이나 기쁨에 진심으로 관심을 기울이고 헤아리는 공감 능력도 꼽혔습니다.

그러나 오늘날 인공지능은 그림, 작곡, 영상물 제작을 비롯한 여러 방면에서 창작 활동을 하고 있습니다. 물론 기존의 데이터로 학습하고 인간의 요청에 따라 움직이기 때문에 스스로 상상하여 완전히 새로운 것을 만들어 냈다고 보기는 어렵습니다. 하지만 그 과정이 어찌 되었든, 겉보기에 인공지능은 예전에 없던 작품을 만들어 낼 수 있습니다. 인간도 자신이 살면서 보고 듣고 겪어온 경험 없이는 어떠한 작품도 창작할 수 없다는 점에서 인간의 상상력이나 창의력도 대체될 수 없는 영역이라 보기는 어려울지도 모릅니다. 또한 인공지능에게는 마음이 없으니 '진심어린' 공감은 어려울 수 있어도 상대의 말을 사람보다 더 잘 경청하며 대답을 건넬 수는 있습니다.

인공지능과 인간은 서로 영향을 주고받는다

그렇다면 우리에게는 양심만이 남는 걸까요? 하지만 양심이 직업이 될 수 있을까요? 그리고 어쩌면 마음과 양심을 지닌 인공지능이 앞으로는 개발될 수도 있지 않을까요? 그러나 이는 어디까지나 먼 미래의 이야기이며 저절로 이루어지는 것도 아닙니다.

인공지능이 대체할 직업과 대체할 수 없는 직업에 대한 고민에는 한 가지 생각이 숨어있습니다. 인공지능의 발전은 이미 정해진 사실이고 우리는 그런 변화에 적응할 수밖에 없다는 것입니다. 결과적으로는 기술이 앞서 나가고 인간은 뒤따라간다는 생각입니다. 이것을 기술이 사람과 사회의 발전 방향을 정한다는 의미로 '기술 결정론(technological determinism)'이라고 합니다.

그러나 기술과 인간의 관계가 실제로 그런지는 다시 생각해 봐야 합니다. 우리는 분명히 인공지능 같은 기술에 영향을 받습니다. 예를 들어 사람이 주문 받던 매장에 키오스크가 설치된다면, 우리는 이제 말로 주문하는 방식에서 키오스크를 조작하는 주문 방식으로 옮겨가야 합니다. 그러나 우리가 일방적으로 영향을 받는 것만은 아닙니다. 키오스크를 매장에 들여놓고 주문 받던 사람의 일자리를 없애기로 결정한 것은 결국 사람입니다. 어떤 기술이든 그 기술을 만드는 것은 인간이며, 따라서 인간은 어떤 인공지능을 어느 영역에서

키오스크를 매장에 들여놓고 주문 받던 사람의
일자리를 없애기로 결정한 것은 결국 사람입니다.

사용할지 최종적으로 결정할 수 있습니다. 인공지능은 저절로 만들어지지 않습니다. 발전의 속도와 방향 역시 기술에 의해 저절로 정해지지 않습니다. 인공지능 개발의 속도 및 방향도 우리의 생각과 결정 없이는 정해질 수 없습니다. 개발된 인공지능을 우리가 어떤 방식으로 이용하는지도 중요합니다. 곧, 인공지능과 우리는 서로 영향을 주고받습니다.

그러므로 우리에게 중요한 것은 인공지능 기술을 어떤 방향과 속도로 발전시킬지, 어떤 영역에서 어떤 방식으로 활용할지를 결정하는 일입니다. 사실 우리는 이미 인공지능과 함께 일하고 있습니다. 미래의 일자리를 걱정하기에 앞서, 인공지능과 우리의 일자리가 현재 어떤 관계에 있는지를 구체적으로 살피고 고민해야 할 필요가 있습니다.

'대체'하는 게 아니라 '변화'하는 것

우리는 이미 인공지능과 함께 일하고 있다고 했습니다. 대표적으로는 '플랫폼 노동'이라는 것을 생각할 수 있습니다. 배달의 민족, 카카오 T 등 어떤 일을 중개해 주는 곳을 플랫폼(platform)이라고 합니다. 플랫폼은 발판, 승강장이라는 뜻입니다. 여러 사람이 다닐 수 있는 통로라는 의미를 가지고 있는 것입니다. 저마다의 목적을 가지고 오가는 사람들을 연결해 주는 곳이 플랫폼입니다. 우리는 플랫폼을 통해 배달 주문을 하고, 배달기사는 플랫폼을 통해 일감을 얻습니다. 마찬가지로 플랫폼을 통해 택시를 부르고, 운전기사는 플랫폼을 통해 손님을 찾을 수 있습니다. 이렇게 플랫폼을 통해 일을 나누어주고 사람과 사람을 연결해 주는 일을 돕는 것이 바로 인공지능 알고리즘입니다.

인공지능은 손님의 주문이나 날씨에 따라 업무에 필요한 인원수를 예측하고, 그에 따라 금액을 책정합니다. 그리고 배달기사의 동선과 주문한 음식의 특성을 고려하여 그 음식 배달에 가장 적임자인 기사에게 일거리를 제시하고 최적의 동선까지 추천해 줍니다. 물류 창고에서는 인공지능이 인간에게 어떤 물건을 가져와야 하는지 알려주고, 인간 노동자는 인공지능이 지정한 동선대로 움직이며 물건을 가져옵니다. 물건의 배달 순서를 고려하여 차에 짐을 싣는 위치 정보도 포함됩니다. 그러므로 오늘날 인공지능과 인간 일자리의 관계는 인공지능이 일자리를 일방적으로 대체하는 것이 아닙니다. 인간과 인공지능이 함께 일하면서 인간의 일하는 방식이 바뀌고 있는 것이지요. 그러나 인공지능과 함께 작업하는 것이 인간을 반드시 안전하고 편안하게 하지는 않습니다.

세계적인 기업 아마존은 인공지능을 통해 업무 능률을 높이고 있습니다. 인공지능이 가장 효율적인 동선을 계산한 뒤에 노동자에게 어떤 방식으로 어떻게 일할 것인지를 일일이 지시하고, 최적의 업무 시간을 계산하여 해당 시간에 할당량만큼의 일을 완수하지 못한 직원에게는 불이익을 줍니다. 그러나 인간은 기계가 아닙니다. 가능한 한 성실하게 일할 수는 있지만, 일하는 내내 지치지 않고 매번의 일처리마다 똑같은 시간을 쓰는 일은 불가능합니다. 예를 들어 오전에 출근하여 일하기 시작할 때는 한 시간에 10개의 일을 처리할 수 있어도, 오후에 피곤이 쌓이면 한 시간에 10개의 일처리가 어려울 수 있습니다. 그러나 인공지능이 화장실에 다녀오는 최적의 시간을 30초라고 계산하면, 그 시간 안에 화장실에 다녀와야 불이익을 받지 않습니다. 인공지능의 가장 효율적인 계산에는 사람이 쉬는 시간, 업무를 준비하는 시간, 매번의 움직임마다 변화가 있을 수 있다는 사실, 피로는 시간이 갈수록 쌓인다는 사실이 고려되지 않습니다.

무엇보다 인공지능이 사람의 업무를 지시하고 감독하려면 사람의 움직임이 인공지능에게 일일이 포착되어야 합니다. 일하는 내내 인공지능에게 감시를 받는 셈이지요. 최근 기업들은 업무용 앱을 많이 활용하고 있습니다. 이 업무용 앱은 카메라, 현재 위치, 개인 정보, 문자메시지와 계정 등 다양한 정보에 대한 접근 권한을 가지고 있습니다. 심지어 관리자가 일하는 사람들의 스마트폰을 원격으로 조정하는 경우도 있습니다. 과연 이토록 많은 개인 정보를 노출할 필요가 있을까요. 게다가 일하는 사람들은 나의 무엇이 얼마만큼 기록되고, 그것이 어떻게 활용되는지 정확하게 알 수 없습니다. 회사 측에서 "알고리즘에 따르면 이렇다."라고 하면 그 평가나 근거가 정확한지 확인할 방법이 없는 것이지요.

인공지능이 발전해도 일자리는 불안하다

한편 인공지능을 만드는 과정에도 많은 손길을 거치게 됩니다. 고도의 기술적 작업만이 아니라 단순 노동도 상당 부분 필요합니다. 그렇기에 인공지능이 우리 사회에 등장하면서 오히려 새로 생기는 일자리도 적지 않습니다.

인공지능은 데이터를 통해 학습하는데, 이 학습용 데이터를 만들기 위해 수작업이 필요합니다. 예를 들어 자율주행차는 어떻게 보행자를 인식하고 차를 멈추거나 피할 수 있을까요. 일단 저 앞에서 움직이는 무엇인가가 낙엽이나 비닐봉지인지 아니면 사람인지 구분해야 합니다. 인공지능에게 사람의 움직임을 학습시키기 위해서는 사람의 다양한 몸과 움직임(키가 크거나 작거나, 두 발로 걷거나, 휠체어를 타는 등)을 인지시키고 '이것은 사람이고, 사람의 움직임이다'라고 데이터를 제공해야 합니다. 이를 위해 여러 가지 데이터 중 사람의 데이터를 구분하여 '사람', '사람의 움직임'이라고 이름을 붙여줘야 합니다. 이런 일을 '데이터 레이블링(Data labelling)'이라고 하는데, 데이터 레이블링을 하는 것도 인간입니다.

유튜브나 틱톡 같은 경우도 인간의 단순 노동을 필요로 합니다. 폭력적이거나 선정적인 영상 등 사람에게 유해한 것을 골라내기 위해서입니다. 이것을 '콘텐츠 조정(Contents Moderation)'이라고 합니다. 물론 인공지능도 이런 작업을 하지만 인공지능의 작업은 완벽하지 않습니다. 사람의 움직임은 다양한 만큼 오묘하기도 해서, 겉보기에는 아주 작은 차이더라도 달라지는 행동들이 분명 있기 때문입니다. 어떤 '등 두들김'은 폭력을 행사하는 장면이지만, 똑같은 동작이 이물질을 잘못 삼킨 사람이 이물질을 뱉어내도록 돕는 행동일 수 있습니다. 그래서 사람이 인공지능의 작업물을 재검토하는 작업을 하는 것이지요.

데이터 레이블링이나 콘텐츠 조정은 인공지능 시스템이 안전하고 안정적으로 작동하기 위해 반드시 필요하면서도 중요한 작업입니다. 그러나 이러한 일자리는 단순 반복 노동이기 때문에 단가가 낮은 경우가 많고, 일하는 사람들의 커리어 개발에도 도움이 되기 어렵습니다. 일자리를 얻어도 생계를 유지하기 위해서는 아주 많은 시간의 노동이 필요하기 때문에 이 일을 안정적으로 계속하기 어렵습니다. 단순 반복 노동은 경력이 없는 사람에게도 맡길 수 있다 보니 어떤 기업들은 임금이 더 낮은 지역에서 일할 사람을 구하려고 합니다. 실제로 챗GPT를 개발한 회사는 아프리카 케냐의 노동자들을 시급 1~2달러에 불과한 돈으로 고용하여 콘텐츠 조정 업무를 시켰습니다. 최첨단 인공지능을 위한 노동 현장에서도 노동착취가 이루어지고 있는 것입니다. 콘텐츠 조정 노동자들은 폭력적이고 자극적인 영상에 지속적으로 노출되면서 심리적 문제에도 시달리지만, 회사는 이로부터 노동자를 보호하는 일에는 신경 쓰지 않았습니다.

이런 작업들은 회사에 직접 고용되기보다는 플랫폼을 통한 중개를 통해 일자리를 얻는 경우가 대부분입니다. 따라서 건강보험 혜택 등 정규 직장에 다니는 사람과 같은 권리를 보장받기 어렵습니다. 이런 식으로 플랫폼을 통해 일감을 받는 경우는 대개 개인 사업자 취급을 하기 때문에 나라에서 노동자를 보호하는 법이나 제도의 혜택을 받지 못하는 경우도 허다합니다. 이러한 플랫폼에 일을 맡기는 기업들은 안전하고 건강한 노동 환경 같은 것에는 아예 관심 없거나 책임을 회피하려 하는 경우가 많습니다. 자신들은 그저 돈을 주고 일을 맡겼을 뿐이라고 말이지요.

실제로 챗GPT를 개발한 회사는 아프리카 케냐의 노동자들을
시급 1~2달러에 불과한 돈으로 고용하여 콘텐츠 조정 업무를 시켰습니다.

지금, 우리에게 가장 중요한 질문

2023년 세계경제포럼은 다시 일자리의 미래를 예측합니다. 그러나 이번에는 예측 결과가 완전히 달라졌습니다. 기계, 로봇, 알고리즘의 활용이 늘면서 2025년까지 전 세계적으로 새로 생기는 일자리(약 1억 3천만 개)가 사라지는 일자리(약 7500만 개)의 두 배 가까이 될 것이라고 전망했습니다. 특히 빅데이터, 기계학습, 사이버 보안 등과 관련한 새로운 일자리가 많이 생길 것이라 내다봤습니다.

새로운 기술이 만들어지고 쓰이면 새로운 기술과 함께 일해야 하는 자리가 늘어나기 마련입니다. 만일 현재의 직업이 사라진다고 하더라도 다시 새로운 직업을 찾으면 될 일입니다. 그러나 새로운 직업을 찾고 익숙해지기까지는 시간이 걸립니다. 그 시간 동안 우리는 어떻게 생계를 유지할 수 있을지, 새로운 직업에는 잘 적응할 수 있을지 걱정되는 것도 사실입니다.

우리가 원하는 일자리는 안전하면서도 안정적인 일자리입니다. 제대로 휴식 시간이 보장되고 위험에 노출되지 않아야 합니다. 보통 인공지능과 일한다고 하면 인간의 육체노동은 줄어들고, 위험한 일도 사라질 거라 상상하기 쉽습니다. 그러나 일자리가 늘어난다고 해서 반드시 좋은 일자리도 함께 늘어난다는 보장은 없습니다. 인공지능을 위해서 인간이 직접 유해한 영상을 봐야 하는 등 힘들고 위험한 일을 계속 해야 하기도 합니다. 인공지능과 함께 일하고 있는 현재의 모습이 그 증거입니다.

플랫폼 노동은 우리가 원하는 시간에, 우리가 원하는 곳에서, 우리가 원하는 만큼 일하게 도와주기도 하지만 우리에게 일감이 제공되기를 기다리며 끊임없이 플랫폼을 확인하는 시간이 길어지게 합니다. 일하는 시간과 쉬는 시간의 경계선이 흐릿해지는 것입니다. 인공지능 알고리즘의 업무 감독과 지시는 업무를 효율적으로 하도록 도움을 주기도 하지만, 지나치게 많은 정보를 요구하며 인간의 특성과는 맞지 않는 지시를 내리기도 합니다. 만일 인공지능이 계산한 가장 효율적인 일자리를 위해 업무의 시간과 종류를 최소 단위로 쪼개서 전국의 사람들에게 맡긴다면 어떨까요. 일자리는 엄청나게 늘어날지 몰라도 그 일자리를 통해서 생계를 유지하기는 쉽지 않을 것입니다. 반대로 엄청나게 긴 시간 동안 일해야만 우리의 생계를 보장할 만큼의 돈을 벌 수 있겠지요.

그렇다고 해서 현재 상태가 영원히 지속되는 것은 아닙니다. 지금 우리가 어떻게 생각하고 행동하는지에 따라 현재는 새로운 모습으로 바뀔 수 있습니다. 그러므로 우리는 미래 사회의 일자리와 업무 환경을 안정적으로 만들기 위해 가장 필요한 질문과 행동이 무엇인지 생각할 필요가 있습니다. 인공지능이 우리 모두의 삶과 일자리에 기여하게 하려면 어떻게 하면 좋을까요. 또한 인공지능과 협업할 때 인간이 안전하고 쾌적하게 일하기 위해서는 어떤 환경 조건이 갖춰져야 할까요. 인간에게 정말 좋은 일자리가 무엇인지, 안정적인 업무 환경이 어떤 것인지, 우리는 이러한 물음을 통해 다시 한번 짚어 봐야 하고 그에 부합하는 인공지능을 머릿속에 그려 나가야 합니다. 물론 그에 따른 실천은 우리 모두의 몫이겠지요.

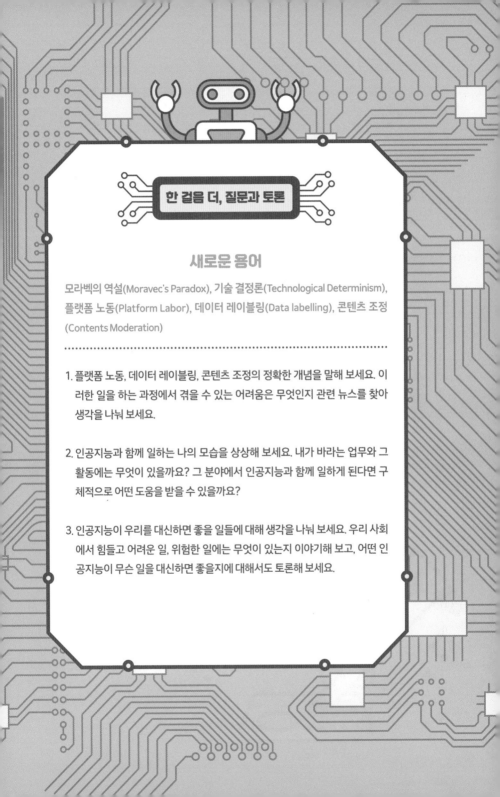

한 걸음 더, 질문과 토론

새로운 용어

모라벡의 역설(Moravec's Paradox), 기술 결정론(Technological Determinism),
플랫폼 노동(Platform Labor), 데이터 레이블링(Data labelling), 콘텐츠 조정
(Contents Moderation)

. . . .

1. 플랫폼 노동, 데이터 레이블링, 콘텐츠 조정의 정확한 개념을 말해 보세요. 이러한 일을 하는 과정에서 겪을 수 있는 어려움은 무엇인지 관련 뉴스를 찾아 생각을 나눠 보세요.

2. 인공지능과 함께 일하는 나의 모습을 상상해 보세요. 내가 바라는 업무와 그 활동에는 무엇이 있을까요? 그 분야에서 인공지능과 함께 일하게 된다면 구체적으로 어떤 도움을 받을 수 있을까요?

3. 인공지능이 우리를 대신하면 좋을 일들에 대해 생각을 나눠 보세요. 우리 사회에서 힘들고 어려운 일, 위험한 일에는 무엇이 있는지 이야기해 보고, 어떤 인공지능이 무슨 일을 대신하면 좋을지에 대해서도 토론해 보세요.

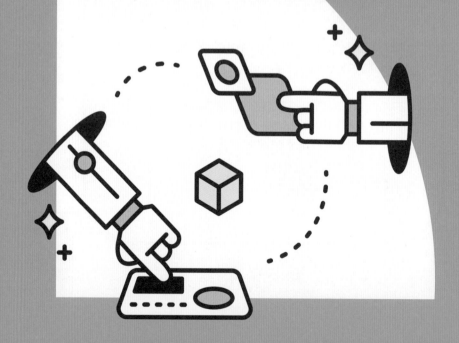

6

인공지능이
민주주의를
위험에 빠뜨릴까?

인공지능이 우리 사회의 정치적 기초인 민주주의에도 기여할 수 있을까요? 물론입니다. 우리는 AI 챗봇을 통해 민주적 의사결정의 중요한 요소라고 할 수 있는 공약이나 정책을 상세히 확인할 수 있습니다. 그 정책에 관한 의견을 밝히거나 건의하는 절차를 인공지능을 통해 자세히 알아볼 수도 있지요. 그러나 반대로 인공지능의 활용이 민주주의에 위협이 될 수도 있습니다.

대통령은 이 사람이 좋겠어!

민주주의란 국가의 주인이 국민이라는 뜻입니다. 그러므로 민주주의 국가의 국민은 나라의 중요한 일에 참여하고 함께 결정할 권리와 의무를 가지고 있습니다. 우리나라도 헌법 제1조에 '대한민국은 민주 공화국이다', '대한민국의 모든 권력은 국민으로부터 나온다'고 밝히고 있지요.

인구가 많아질수록 나라의 모든 결정에 국민이 직접 참여하기 어렵습니다. 그래서 선거를 통해 우리 대신 논의에 참여할 사람을 뽑고 우리의 의견을 나랏일에 반영합니다. 그러므로 선거는 개인의 의사 표현일 뿐만 아니라 전 국민이 함께 만들어 가는 민주주의의 과정이자 토대이기도 합니다.

2018년 3월, '케임브릿지 아날리티카 스캔들(Cambridge Analytica Scandal)'이라는 사건이 폭로됩니다. 스캔들은 충격적이고 좋지 못한 부도덕한 사건을 뜻합니다. 여론조사 및 홍보 업체인 '케임브릿지 아날리티카'가 페이스북 이용자들의 개인 정보를 동의 없이 수집하여 정치적 결정을 유도하는 방식으로 사용한 것입니다.

처음에 페이스북 이용자들은 가벼운 심리 검사 앱을 접하게 됩니다. 이용자가 앱에서 응답한 내용은 '당신이 어려울 때 가장 먼저 달려올 친구 3명은 누구?' 등 인터넷에서 누구나 한 번쯤은 접해 보았을 단순하고 평범한 것이었습니다. 그런데 이 앱은 '학술적 연구' 목적이라며 이용자의 페이스북 정보에 접근할 수 있는 권한을 요청합니다. 앱은 페이스북 정보를 통해 심리 검사 참여자 본인의 정보만이 아니라 참여자의 페이스북 친구에 관한 정보까지 얻었습니다. 결과적으로는 수백만 명의 정보를 모을 수 있었고 그 정보들은 매우 상세합니다. 공개된 프로필 정보 외에도 생일, 주소지, 반응한 페이지는 기본이고 경우에 따라서는 뉴스피드, 타임라인, 메시지까지 수집했습니다. 이렇게 상세한 정보들이 많아지면 그 사람이 페이스북에 공개해 둔 그의 직업이나 사는 지역, 친구 관계와 기타 정보들을 취합해서 그 사람이 특별히 선호하는 것과 정치적 성향까지도 추리할 수 있게 만들어 줍니다. 물론 그 추리가 얼마나 정확한지는 더 생각해 볼 필요가 있습니다. 어쨌든 이런 추리를 통해 한 개인의 '성격(성향) 프로필'이 만들어집니다.

그리고 이 정보는 영국의 정치 컨설팅 회사 케임브릿지 아날리티카에 팔립니다. 이 회사는 이 정보를 이용하여, 2016년 미국 대선을 앞두고 아직 투표할 후보를 정하지 못한 사람들을 분류해 냅니다. 케임브릿지 아날리티카는 이들을 '설득하면 설득될 수도 있는' 사람들로 간주하고 이들의 페이스북 타임라인에 이용자의 성향 분류에 따라 그 사람이 가장 잘 반응할 만한 메시지를 노출합니다. 때로는 상대 후보의 부정적인 이미지를 강화할 만한 콘텐츠를 노출하는 방식도 활용했습니다. 결국 이 같은 사실이 내부 직원에 의해 폭로되자, 회사는 영국을 비롯한 각국 정부의 조사를 받은 뒤 결국에는 문을 닫았습니다.

이것은 페이스북과 데이터를 공유하는 사람들 사이의 신뢰 위반입니다.

2018년 3월, 내부고발자 크리스토퍼 와일리는 가디언과의 인터뷰에서
한 데이터 회사가 2016년 미국 대통령 선거에 영향을 미치기 위해
페이스북 사용자 5천만 명의 데이터를 사용했다고 밝혔다.
페이스북 탈퇴 운동이 뒤따랐고, 페이스북의 주가는 18% 폭락했다.

알고리즘이 우리를 속인다면

이 회사가 실제 선거에 얼마나 영향을 미쳤는지는 정확히 확인되지 않았습니다. 회사가 여론에 미치는 영향력을 부풀렸다는 평가가 일반적입니다. 그러나 중요한 것은 특정 집단이 알고리즘을 통해 민주주의 정치를 혼란스럽게 만들 수 있다는 사실입니다.

민주주의 정치는 공동체의 모든 구성원이 저마다 주권을 가지고 공동체의 의사결정에 참여하는 것입니다. 이를 위해서는 동등한 참여권을 보장받는 다양한 사람들이 각자의 생각을 드러내 대화에 참여하고, 우리가 함께 다뤄야 할 사회의 중요 문제를 토론하여 합의에 이르는 과정이 필요합니다.

그러나 누군가가 우리를 속이고 있다고 생각하면 자유로운 의사표현도, 대화를 통한 자유로운 논의도 어려워질 것입니다. 케임브릿지 아날리티카 스캔들은 알고리즘을 통해 누군가가 일부러 우리를 속이거나, 자신 혹은 자신이 속한 집단에 유리한 쪽으로 행동하도록 조작한 콘텐츠를 내어놓을 수 있음을 보여줍니다. 이러한 정보는 전부 거짓일 수도, 사실과 거짓을 교묘하게 섞어 놓은 것일 수도 있습니다. 이것을 '허위정보(misinformation)'라고 합니다. '가짜 뉴스(fake news)'라는 표현을 들어봤을 텐데요, 허위정보가 더 폭넓은 개념이고 가짜 뉴스는 허위정보에 포함됩니다. 허위정보는 반드시 '뉴스'의 형태만을 띠는 것이 아니기 때문이지요. 예를 들면 SNS나 커뮤니티의 게시글, 댓글 등도 허위정보일 수 있습니다. 다시 말해 허위정보란 의도적으로 누군가를 속이거나 혼란스럽게 만들기 위해 만들어 낸 모든 종류의 거짓 정보를 의미합니다.

누군가가 일부러 우리를 속이거나 조종하려는 것이 인공지능의 탓은 아닙니다. 인공지능을 쓰지 않았던 아주 먼 과거에도 사람을 속이고 행동을 유도하려는 일은 늘 있었습니다. 오늘날 허위정보와 관련해서 인공지능이 문제가 되는 것은 보다 정교한, 그래서 의심하기 쉽지 않은 허위정보를 만들고 퍼뜨리기가 옛날보다 훨씬 쉽다는 점 때문입니다. 대표적인 것이 '딥페이크(deepfake)'이지요.

딥페이크라고 할 때, 우리가 바로 떠올리는 것은 본인이 아닌데도 교묘하게 합성된 사진이나 동영상입니다. 그러나 실제로 '딥페이크'는 합성된 사진이나 동영상 같은 결과물이 아니라, 이들을 만들어 낼 수 있는 인공지능 기반의 합성 기술을 의미합니다. 기계학습의 한 방식인 '딥 러닝(deep learning)'을 통해 원본 이미지나 동영상 위에 다른 이미지를 겹치거나 결합함으로써 원본과는 다른 가공의 이미지나 동영상을 만드는 것입니다. 현재 인터넷에서는 BTS 등 유명 스타들의 딥페이크 가공 이미지가 돌아다니는데, 일부러 만들어 낸 가짜 이미지라는 것을 알려주지 않으면 구별하기 어려울 지경입니다.

실제로 2024년의 미국 대통령 선거를 앞두고 이와 관련된 딥페이크 이미지와 영상이 돌아다녀서 문제가 되기도 했습니다. 2024년 출마를 선언한 민주당의 조 바이든이 트렌스젠더 혐오 발언을 하는 딥페이크 영상이나, 공화당 후보인 트럼프 전 대통령이 경찰에게 잡혀 연행되는 딥페이크 이미지가 대표적입니다. 이러한 문제가 반복되자 미국 연방선거관리위원회는 선거를 위한 정치 광고에 딥페이크로 이미지나 영상을 만들어 배포하는 것을 금지할 예정입니다.

허위정보가 선거에만 악영향을 미치는 것은 아닙니다. 모두가 함께 대응해야 할 과학적 사실이나 의료 영역에서 허위정보가 돌아다닌다면 위험은 더욱 커질 수 있습니다. 기후변화나 전 지구석인 감염병에 대응해야 할 때, 그에 대한 허위정보가 돌아다닌다면 우리의 건강과 안전은 크게 위협받을 것입니다. 또한 허위정보가 쉽게 만들어지고 배포될 수 있다는 사실은 사회 전체의 상호 신뢰를 약하게 만듭니다. 내 눈앞에 있는 이미지나 영상이 사실인지 아닌지를 매번 의심해야 하고, 그 사실을 내 힘으로는 정확하게 파악할 수 없다면 사람들의 의심과 불신은 점차 커지게 됩니다. 나중에는 진실된 정보가 전해져도 일단 의심부터 하고 보겠지요. 정보 자체에 대한 믿음이 무너지는 것입니다. 상대방이 하는 말, 상대방이 내놓는 근거를 의심하게 된다면 자유롭고 활발한 대화와 토론도 어려워질 수 있습니다.

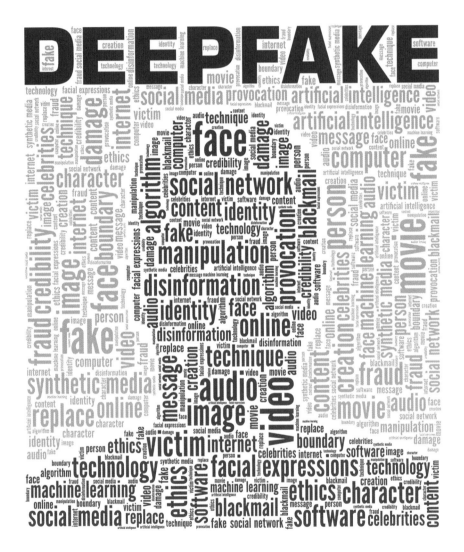

추천 알고리즘으로 걸러지는 세상

문제는 교묘한 허위정보만이 아닙니다. 오늘날 우리는 대부분의 정보를 인터넷을 통해서 얻습니다. 구체적으로는 인스타그램, 틱톡, 유튜브부터 자신이 활동하는 커뮤니티, 네이버, 다음과 같은 포털 사이트 등을 통해서이지요. 이들은 모두 알고리즘 기반으로 작동합니다. 알고리즘이 우리에게 오는 정보를 미리 걸러내어 각자의 눈앞으로 배달해 주는 것입니다. 대표적인 것이 추천 알고리즘입니다. 그러니까 우리가 보는 정보는 이미 한 번 걸러진 정보입니다. 이것이 우리에게 어떤 영향을 줄지 생각해 봅시다.

기본적으로 추천 알고리즘은 콘텐츠 기반 필터링과 협업 기반 필터링을 활용합니다. 여기서 필터링은 기준에 따라 정보를 골라낸다는 의미입니다. '콘텐츠 기반 필터링'이란 내가 보았던 것과 유사한 콘텐츠를 추천하는 방식입니다. 예를 들어 내가 K-pop 음악을 들었다면 평소에 듣던 가수의 다른 노래나 최근에 나온 K-pop 신곡 등을 나에게 추천합니다. '협업 기반 필터링'은 나와 같은 콘텐츠를 보는, 비슷한 성향을 지닌 이용자를 분석하여 그 이용자가 보는 다른 콘텐츠를 추천하는 방식입니다. 예를 들어 A의 한국 요리 영상을 보는 이용자가 B의 터키 요리 영상도 함께 보았다면, A의 영상을 보는 다른 이용자에게 B의 영상도 추천하는 식입니다.

유튜브의 추천 알고리즘은 추천할 영상의 목록을 만드는 알고리즘과 그 목록에서 우선 추천 순위를 정하는 순위 알고리즘으로 구성됩니다. 추천할 목록을 만드는 알고리즘은 앞에서 설명한 방식으로 움직입니다. 현재 보고 있는 콘텐츠와 비슷한 주제의 콘텐츠, 함께 재생된 적이 많은 콘텐츠를 모두 목록화합니다. 추천 순위를 정하는 알고리즘은 이용자의 반응을 예측하여 콘텐츠의 점수를 매깁니다. 이용자의 반응 예측에는 콘텐츠 클릭 여부, 클릭 후 시청 시간, '좋아요'를 눌렀는지의 여부 등이 반영됩니다. 이런 방식으로 가능하면 이용자가 좋아할 만한 영상 즉, 이용자 개인의 취향에 맞춤한 정보를 제공하려 하는 것이지요.

좋아하는 것만 볼 수 있다니, 마치 내가 좋아하는 디저트만 먹을 때처럼 기분이 좋습니다. 일부러, 열심히 찾을 필요가 없으니 편리하기도 하고요. 우리는 이런 영상을 하루에도 여러 개, 많게는 수십 수백 개도 볼 수 있습니다. 덕분에 우리는 직접 가지 않고, 하지 않고, 겪지 않은 일을 영상을 통해 간접 체험하게 됩니다. 어떤 영상은 우리가 직접 가서 본 것보다 더 자세한 정보를 제공해 주기도 합니다. 그런 점에서 우리의 세계는 넓어지는 것 같습니다.

그러나 한편으로 우리의 세계는 좁아집니다. 우리의 취향에 따라 맞춤 추천된 영상만을 보러 돌아다니는 것이니까요. 좋아하는 것과 보고 싶은 것만 볼 때 우리가 만날 수 있는 세계는 우리가 이미 좋아했던 것이나 그와 비슷한 세계로 한정됩니다. 나는 지금까지 무엇을, 어떻게 느끼며 살아왔나요. 사실 내가 살아오면서 접한 징보, 취향, 의견이나 그에 대한 나의 생각은 넓디넓은 세상의 한 측면일 뿐입니다.

내가 좋아하는 디저트를 여러 가지 떠올려 봅시다. 그러나 이 디저트들은 세상에 존재하는 음식 중 극히 일부일 뿐입니다. 세상에는 밥도 있고, 반찬도 있고, 국과 찌개도 있습니다. 게다가 내가 지금 좋아하는 것을 영원히 좋아하리라는 보장은 없습니다. 여러 가지 경험을 하며 나이가 들수록 좋아하는 것이나 싫어하는 것이 바뀔 수도 있습니다. 그러나 지금까지 좋아했던 디저트만을 앞으로도 계속 접하고 맛본다면 어떨까요. 어쩌면 그 디저트에 한해서는 아주 뛰어난 전문가가 될 수도 있습니다. 그러나 특정한 디저트만 맛보는 것은 내가 만나고 맛볼 수 있는 다양한 음식의 세계를 매우 좁혀 버립니다. 어쩌면 나의 입맛이 바뀔 수 있다는 사실조차 잊게 될 수도 있습니다.

모든 사람이 거품 안에 갇힌다면

예시로 디저트를 들었지만, 만일 음식이 아니라 세상에 대한 뉴스라면 어떨까요. 세상에는 지금도 많은 일이 벌어지고, 그 일에 대한 다양한 사람들의 입장이 존재합니다. 내가 지금 기분 좋게 읽을 수 있고 지금의 내 생각과 딱 맞아 떨어지는 뉴스만 읽으면서 자란다면, 세상에는 다른 관점과 의견, 그리고 주목할 만한 또 다른 뉴스가 있다는 사실을 잊게 될 것입니다. 사람들은 지금까지 보고 듣고 느낀 것을 토대로 세상에 대해 생각하게 되니까요. 다른 것을 본 적이 없으면 세상에 아예 그런 것이 없다고 생각할 수도 있습니다. 그렇게 살면 편할 수도 있습니다. 그러나 나는, 내가 처음 받아들였던 의견에서 거의 성장하지 않은 것입니다. 게다가 나오는 의견이 다른 사람과 대화하거나 협력해야 할 때 큰 어려움을 겪을 수도 있습니다. 이렇게 추천 알고리즘에 의해 추천된 콘텐츠만 접하고, 다양한 관점과 의견을 경험하지 못하여 자신의 원래 입장이 강하게 굳어지는 것을 '필터 버블(Filter Bubble)'이라고 합니다. 마치 거품 안에 갇힌 것처럼 자신의 생각 밖으로 나오지 못한다는 뜻입니다.

비슷한 것으로 '반향실 효과(Echo Chamber)'라는 것이 있습니다. 반향실이라는 것은 소리가 메아리처럼 되돌아오는 공간입니다. 방 안에서 '아에이오우~'라고 발음하면 다시 '아에이오우~' 하는 소리가 똑같이 되돌아오는 것입니다. 다른 소리를 차단한 닫힌 공간이지요. 폐쇄적인 공간에서 처음 울린 소리가 전부인 것처럼 느끼게 되는 것이 반향실 효과입니다. SNS에서 내가 친구 맺은 사람들을 생각해 봅시다. SNS 친구들은 대개 서로의 말에 '좋아요'를 표하거나 서로의 게시물을 공유합니다. 그 과정에서 비슷한 생각을 지닌 사람들끼리

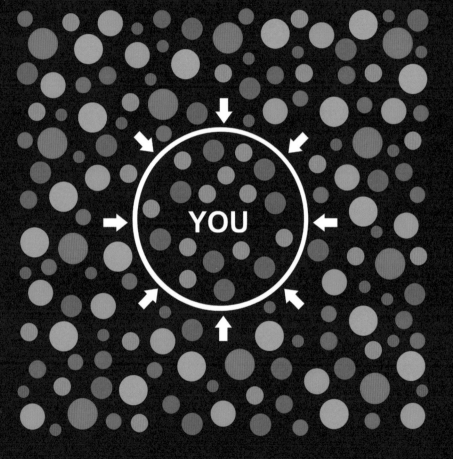

만 교류하고, 다른 시선과 의견을 가진 사람들과는 점점 멀어질 수 있습니다. 내가 친구 맺은 사람들끼리는 비슷한 관심사나 비슷한 의견을 공유하니까, 내 입장에서는 세상의 주된 관점이나 의견 역시 그럴 것이라고 생각하기 쉽습니다. 자기 목소리가 되돌아오는 메아리처럼, 자신과 비슷한 이야기만 하는 사람들과 교류하면서 처음에 자신이 가졌던 생각이 견고해지는 것이지요. 그 생각이 올바른 생각, 다양한 것들을 폭넓게 고려한 생각이 아닐 때도요.

나와 함께 일해야 하는 사람이 나의 의견은 전혀 이해하지 못하거나, 내가 경험한 것을 자신이 경험하지 못했다고 해서 전혀 사실이 아닌 것으로 취급한다고 상상해 봅시다. 자기의 시선과 의견이 소수, 심지어 올바르게 생각하지 않는 소수임에도 불구하고 자신처럼 생각하는 사람이 대다수일 거라 생각하는 사람과의 대화는 어떨까요?

서로가 저마다의 거품에, 저마다의 반향실에 갇힌다면 다른 사람을 이해하고 소통하는 것은 매우 어려워질 것입니다. 이것은 더 큰 부작용을 불러올 수 있는데, 다른 사람과 이해하고 소통하는 것이 어려워지면 아예 대화하려 하지 않을 수도 있기 때문입니다. 그러나 불편하다고 피하기만 한다면 그 사람과의 대화나 서로에 대한 이해는 영영 불가능할 것입니다.

또 다른 문제는 우리가 '우리의', '우리 사회 공통의' 문제라 생각할 수 있는 것을 정하고 함께 대응하기가 매우 어려워진다는 것입니다. 사회의 힘을 모으기 위해서는 공통으로 중요하다고 생각하는 문제가 먼저 정해져야 합니다. 이를 위해서는 우리 사회 곳곳의 다양한 소식부터 '거짓 없이' 전해져야 합니다. 그런 후에야, 그 소식들에 대해 함께 대화하고 토론하면서 우리에게 정말 중요하고 시급한 문제가 무엇인지 정할 수 있습니다.

그러나 내가 보는 정보가 거품에 갇혀 한쪽으로만 치우친 것이거나 허위라면 다른 사람의 주장이나 그 주장의 사실 여부를 의심하기에 바빠집니다. 그러면 아예 대화하지 않으려 할 수도 있습니다. 내가 선호하는 뉴스, 나와 비슷한 생각을 하는 사람들끼리 공유하는 뉴스만을 보거나 그런 사람하고만 교류하려고 하는 것입니다. 다른 입장과 이야기에 귀를 기울이고 이해하려고 노력하기보다는 의견이 같은 사람과 소통하는 일이 훨씬 쉬우니까요. 그러다 보면 내가 관심 있는 사건이나 소식 이외에 다른 것이 세상에 있는지조차 알기 어려울 수 있습니다. 다른 뉴스를 접하더라도 그것이 왜 '뉴스 거리'가 될 만큼 중요한 것인지 이해하기 어려울 수도 있습니다. 지금의 나에게 중요한 것만을 생각하는 것에 익숙하기 때문입니다. 다른 사람이 내가 겪는 문제가 별것 아닌 것, 중요하지 않은 것이라고 생각하며 그 문제를 해결하려는 일에 힘을 보태지 않는다면 사회에서 살아간다는 것은 무척이나 고되고 힘든 일이 될 것입니다.

인공지능은 우리의 삶을 편리하게 해 줍니다. 그러나 삶의 모든 불편함을 제거해 줄 수는 없습니다. 서로 다른 사람들이 한데 모여 살아가는 것이 사회이기 때문입니다. 나와 다른 사람들과 함께 어울려 살아가는 일이 늘 편하기만 하지는 않습니다. 오히려 수고롭고 불편한 일에 가깝지요. 저마다 바라는 것이 다르고, 때로는 각자가 바라는 것이 날카롭게 대립하기도 합니다. 서로를 신뢰하면서 의논한다고 해도 꼭 의견이 일치되지는 않습니다. 때로는 합의에 이르기까지의 대화, 토론, 갈등의 과정이 매우 길게 이어질 때도 있습니다.

그러므로 중요한 것은 단순히 의견이 같아지는 것이 아닙니다. 우리가 서로를 공동체의 구성원으로 인정하고 존중하며, 함께 공동체의 문제를 다루고 있다는 사실 자체가 중요합니다. 민주주의에서 가장 기본이 되는 것, 가장 중요한 것은 서로 어떻게 살아가고 있는지, 나이외의 다른 사람들에게 어떤 생각과 의견이 있는지, 서로의 공통점과 차이를 확인하고 존중하며 맞춰갈 수 있는 부분을 찾아가는 노력과 과정입니다. 서로 다른 사람들이 함께 어우러져 살아가기 위해서는 이런 태도와 노력이 반드시 필요합니다. 그러기 위해 인공지능을 어떻게 활용할 수 있을지 깊은 고민이 필요한 시점입니다.

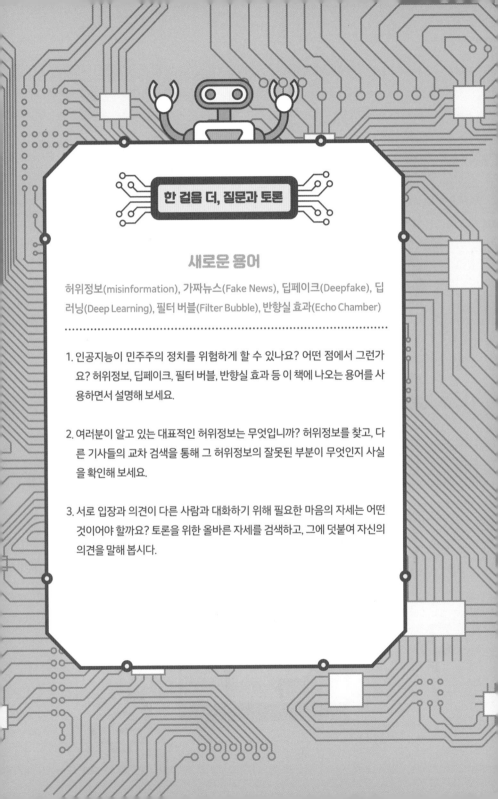

한 걸음 더, 질문과 토론

새로운 용어

허위정보(misinformation), 가짜뉴스(Fake News), 딥페이크(Deepfake), 딥러닝(Deep Learning), 필터 버블(Filter Bubble), 반향실 효과(Echo Chamber)

. . . .

1. 인공지능이 민주주의 정치를 위험하게 할 수 있나요? 어떤 점에서 그런가요? 허위정보, 딥페이크, 필터 버블, 반향실 효과 등 이 책에 나오는 용어를 사용하면서 설명해 보세요.

2. 여러분이 알고 있는 대표적인 허위정보는 무엇입니까? 허위정보를 찾고, 다른 기사들의 교차 검색을 통해 그 허위정보의 잘못된 부분이 무엇인지 사실을 확인해 보세요.

3. 서로 입장과 의견이 다른 사람과 대화하기 위해 필요한 마음의 자세는 어떤 것이어야 할까요? 토론을 위한 올바른 자세를 검색하고, 그에 덧붙여 자신의 의견을 말해 봅시다.

7

인공지능의 결정에 반대할 수 있을까?

서기 2054년, 미국 워싱턴에서는 최첨단 치안 예측 시스템으로 범죄를 예측하여 시민의 안전을 지키고 있습니다. 시스템이 범죄가 일어날 시간, 장소, 범인의 정체를 예측하고 범행이 일어나기 직전에 특수경찰을 출동시켜 범인을 잡는 것입니다. 범죄가 일어나기 전에 범인을 체포하여 범죄 사건 자체가 발생하지 않도록 하는 것이지요. 미국의 영화배우 톰 크루즈가 주인공인 영화 〈마이너리티 리포트〉 속 이야기입니다. 그러던 어느 날, 톰 크루즈는 자신을 잡으러 온 경찰과 마주하게 됩니다. 그제야 톰 크루즈는 "내가 범인이라고? 아직 아무 생각도, 행동도 한 적이 없는데?"라고 말하며 최첨단 치안 예측 시스템의 위험을 생각하게 됩니다.

　영화 속에서 치안 예측 시스템은 3명의 초능력자에 의해 운영됩니다. 초능력을 써서 미래의 일을 내다보는 것입니다. 그러나 앞으로는 인공지능이 이를 대신할 수도 있습니다. 현재 미국은 기계학습 알고리즘을 이용한 '프레드폴(PredPol)'이라는 시스템으로 범죄 유형, 범죄 발생 위치와 시간을 예측하고 순찰 경로 등을 추천하고 있습니다. 물론 프레드폴의 예측 기능은 강도나 길거리 범죄 등 반복적으로 드러나는 특징을 통해 예측 가능한 패턴을 지닌 특정 범죄로 제한됩니다. 그러나 지금도 이런 범죄 예측 인공지능 시스템이 사용되고 있는데, 앞으로는 〈마이너리티 리포트〉와 같은 세상이 오지 말란 법도 없습니다. 만일 인공지능 시스템이 나를 테러리스트라고 지목하면 어쩌죠?

인공지능이 했으니까 나는 몰라

앞으로는 어떤 일을 결정할 때, 인간이 중간에 끼지 않고 인공지능 알고리즘이 정하는 경우가 늘어날 수 있습니다. 이런 것을 '자동화된 의사결정(automated decision-making)'이라고 합니다. 자동화된 의사결정은 이용자의 성향에 따른 온라인 광고, 인재 채용, 인공지능에 의한 대출 평가나 주식 투자 등 다양한 분야에서 활용될 수 있습니다. 인간 대신 인공지능이 결정을 내린다면 더 많은 결정을 더 빠르게 할 수 있을 것이고, 정해진 규칙을 어기는 경우는 매우 드물 것입니다. 나아가 우리가 하기 어렵고 힘든 일을 대신 맡아서 해 준다면 우리의 삶은

인공지능은 언제나 정확한 판단, 올바른 판단만을 할까요?

인공지능이 내린 결정이 제대로 된 것인지는 누가, 어떻게 확인할 수 있을까요?

훨씬 편해질 것 같습니다.

　하지만 인공지능은 언제나 정확한 판단, 올바른 판단만을 할까요? 인공지능이 내린 결정이 제대로 된 것인지는 누가, 어떻게 확인할 수 있을까요? 앞에서 다뤘던 주제를 떠올려 봅시다. 인공지능의 판단은 편향될 수 있고, 데이터나 알고리즘이 편향되었을 경우 알고리즘은 계속해서 편향된 결과물을 산출합니다. 재범확률 예측 프로그램 '콤파스(COMPAS)'는 백인에 비해 흑인에게 불리한 결과를 산출한다는 의혹으로 논란이 되기도 했습니다. 입시나 직원 채용, 신용한도나 대출 평가 등에 편향된 인공지능 시스템이 이용된다면 그 사회적 피해는 상상 이상으로 클 것입니다.

　2019년, 애플이 금융사인 골드만삭스와 손잡고 내놓은 신용카드는 성차별 논란에 휩싸였습니다. 애플의 신용카드 한도 책정이 성차별적이라는 문제 제기가 SNS에 잇따라 올라왔기 때문입니다. 애플은 신용카드 한도액 책정에 인공지능을 활용하고 있습니다. 기술 기업을 운영하는 데이비드 핸슨은 자신과 아내의 애플 신용카드 한도 책정액이 20배나 차이가 난다는 사실을 폭로했습니다. 자신과 아내는 똑같은 세금을 납부하고, 집이나 다른 재산은 모두 공동재산이며, 심지어 아내가 자신보다 더 높은 신용점수를 받았습니다. 그러나 애플 신용카드는 아내보다 그에게 20배 높은 한도액을 책정했습니다.

스티브 잡스와 함께 애플을 공동 창업한 워즈니악 역시 자신과 아내의 모든 조건이 동등한데, 아내의 신용카드 한도는 자신보다 10배 낮게 책정되었음을 밝힌 적이 있습니다. 이러한 사례가 쌓이자, 뉴욕주의 금융당국은 차별 여부 조사에 나섰습니다. 조사에 따르면, 신용카드 발급 과정에서 차별 혐의를 찾을 수 없었다고 합니다.

그렇다면 왜 이런 일이 생겼을까요. 우리가 4장에서 살펴봤듯이, 사람이 일부러 차별하려고 하지 않아도 차별이 발생할 수 있습니다. 데이터 편향성과 알고리즘 편향성 때문입니다. 하지만 '혐의 없음'이라는 결과가 나왔으니 신용카드 사용자 입장에서는 정확한 원인을 알 수도 없고, 문제에 대한 개선을 요구하기도 어려워졌습니다.

2019년, 한국국제협력단(KOICA)의 AI 면접을 본 취업준비생 중 일부는 AI 프로그램 접속 오류로 면접이 중단되는 상황을 겪었습니다. 재접속했지만 다시 프로그램이 중단되어 결국 면접을 마무리하지 못했습니다. 면접에 응시한 사람들의 잘못이 아니었으나, 기관은 재응시의 기회를 주지 않고 이들을 불합격 처리했습니다. 그렇게 기회를 잃은 사람 중에는 필기시험에서 1등을 한 응시자도 있었습니다. 그러나 기관은 AI 면접이 문제없이 진행되었고, 그에 관한 정보도 없다고 답변하는 무책임한 모습을 보였습니다. 인공지능 작동 과정에서의 돌발 상황이나 면접 응시자의 요청에 따른 대응 및 해결 방안에 관한 기록도 없었고, 인공지능 채용 프로그램의 기능별 오류 및 오차율 등에 대한 정보도 없었습니다.

2020년, 인공지능 채용으로 피해를 본 사례가 많아지자 몇몇 시민 단체가 연합하여 인공지능 채용 프로그램을 활용하는 공공 기관에 정보 공개 청구 소송을 걸었습니다. 공공 기관은 국민의 알 권리를 위하여 적절한 요청이라는 전제 하에 자신들의 정보를 자발적으로 공개하거나, 국민이 청구하면 열람, 사본, 복제 등의 형태로 정보를 공개해야 할 의무가 있기 때문입니다.

정보 공개를 위한 소송 과정에서 또 다른 사실이 밝혀졌습니다. 고소된 공공 기관 중 한 곳인 한전KDN은 2019년부터 인공지능 면접을 활용했고, 그 후에는 자기소개서까지 인공지능으로 평가해 왔습니다. 이 기관은 1차 서류전형을 AI에 의한 서류평가로만 진행했고 최종 합격을 위한 과정 역시 AI 면접 프로그램과 AI에 의한 자기소개서 평가로 구성했습니다. 완전히 자동화된 방식을 통해 채용을 진행한 것이지요. 그런데 이 채용 AI 프로그램은 한전KDN이 직접 만든 것이 아니라 민간 기업이 만든 인공지능 프로그램을 재활용한 것이었습니다. 문제는 인공지능 면접에서 제시되는 질문을 사전에 전혀 검토하지 않았다는 점입니다. 질문의 내용 역시 민간 기업에 전적으로 맡겨버린 탓에 감독 기관이나 면접 당사자가 인공지능 채용 프로그램에 대한 정보를 요청해도 제대로 설명할 수가 없는 상태였습니다. 인공지능에게 일을 맡긴 쪽도 일이 어떻게 돌아가는지 알 수 없고, 인공지능의 결정에 영향을 받는 사람도 그와 관련한 정보를 충분히 얻을 수 없다면 우리는 인공지능의 결정을 신뢰하기 어려울 것입니다.

왜 그랬는지 설명해 봐

그래서 인공지능에게 일을 맡길 때 중요하게 여기는 것이 '설명 가능성(explainability)'입니다. 설명 가능성이란 인공지능 시스템 및 그에 따른 의사결정이 왜, 어떻게 내려졌는지를 알 수 있도록 하는 것입니다. "왜 그렇게 됐어?"하고 물으면, "이러저러해서 그렇게 된 거야." 하고 설명할 수 있어야 한다는 뜻이지요.

설명은 인공지능 시스템의 의사결정에 영향을 받는 사람이 충분히 알아듣고 이해할 수 있도록 명확하고 쉬워야 하며, 너무 늦지 않은 적절한 때에 이루어져야 합니다. 예를 들어 병원에서 진료를 받거나 수술을 결정해야 할 때 의사가 어떻게 하는지 떠올려 봅시다. 의사들끼리는 어려운 의학 전문용어로 간단하게 이야기를 나누지만, 의학 전문가가 아닌 일반 환자에게는 환자의 눈높이에 맞춰 일상적이고 쉬운 말, 헷갈리지 않는 말로 풀어서 설명해 줍니다. 그래서 환자는 자신의 통증이 정확히 어떤 증상인지, 어떤 처방을 왜 받아야 하는지, 발생 가능한 부작용은 무엇인지를 알 수 있습니다. 그래야만 환자가 자신의 몸 상태를 정확히 알고 궁금한 것도 더 상세히 물어보면서 수술을 할 것인지 등 중요한 결정을 제대로 내릴 수 있으니까요. 인공지능의 경우도 이와 다르지 않습니다. 상황에 따라 각자의 눈높이에 걸맞은 설명을 거짓 없이 제공할 수 있어야 합니다.

그렇다면 인공지능의 의사결정과 관련하여 반드시 제공되어야 하고 설명되어야 하는 정보는 구체적으로 어떤 것일까요. 먼저, 인간이 아니라 인공지능에 의해 의사결정이 되고 있다는 점부터 밝혀야 합니다. 예를 들어 인공지능 챗봇의 경우에는 사용자가 인간과 대화하고 있다고 착각하지 않도록 미리 그 사실을 알려야 합니다. 또 인공지능 시스템의 결정에 영향을 미치는 주요 항목이나 관련된 정보, 기술 작동 과정 등을 투명하게 밝혀야 합니다. 인공지능 시스템이 오류를 일으킨 것이 아니라 제대로 작동하고 있다는 것 역시 쉽게 알아들을 수 있도록 충분히 설명되어야 하겠지요.

가장 중요한 것은, 인공지능이 내린 결정의 논리적 이유가 제시되어야 한다는 것입니다. 여기에는 알고리즘의 작동 방식 등이 포함될 수 있습니다. 그뿐 아니라 각각의 결정에 어떤 데이터가 어떻게 활용되었는지, 공정하게 처리되었는지도 설명할 수 있어야 합니다. 나아가 인공지능에 의한 의사결정이 개인이나 사회에 미칠 수 있는 영향

가장 중요한 것은, 인공지능이 내린 결정의
논리적 이유가 제시되어야 한다는 것입니다.

을 미리 고려했는지, 어떤 방식으로 고려했는지도 설명되어야 합니다. 이처럼 설명 가능성을 최대한으로 높이려는 인공지능 설계 움직임을 'XAI'라고 합니다. '설명 가능한(explainable) 인공지능(AI)'을 줄인 말입니다.

당연하게도 이 설명은 거짓 없는 '참'이어야 하지만 '명령'이 아니라 '설명'인 만큼 모두가 그 설명을 타당하고 충분하다고 받아들여야 하는 것은 아닙니다. 우리도 책을 읽거나 수업을 듣다 보면 설명이 되어 있어도 잘 모르는 부분이 생기고, 가끔은 이상하다고 생각되는 설명을 만나기도 하는 것과 마찬가지입니다. 그래서 모르는 부분을 질문할 때 다시 답변할 수 있고, 이상하다고 생각되는 부분에 대해서는 함께 생각하고 검토할 가능성까지 열어둬야 합니다. 인공지능의 설명 가능성 또한 그와 같습니다.

설명 가능성을 추구한다고 해서 인공지능 시스템과 관련한 '모든 사항을 모든 사람에게' 밝히라는 의미는 아닙니다. 다만 인공지능이 했으니까 나는 모르겠다고 책임을 회피하지 않아야 한다는 것입니다. 문제가 되는 상황과 연관된 사람들이 인공지능에 의한 결정과 과정, 근거를 이해하고 그것이 적절한지 나름대로 검토할 수 있을 정도면 충분합니다. 예를 들어 어떤 기업이 미래 사업 트렌드 예측을 위해 인공지능을 활용한다면 내부 직원에게만 필요한 내용을 설명하는 것만으로 충분합니다. 그러나 국가에서 백신이나 응급실 운영과 같은 의료 자원의 나눔을 위해 인공지능을 활용한다면, 그에 대한 설명은 의료업계 종사자, 정부 관계자, 국민 등 더 많은 사람들에게 제공되어야 하고 그 설명의 내용 역시 훨씬 구체적이어야 합니다.

유럽연합(EU)에서 논의 중인 '인공지능 법(AI Act)'은 인간의 기본적인 권리 곧, 개인의 생명이나 신체의 안전에 중요한 영향을 미칠 수 있는 인공지능을 '고위험 인공지능'으로 분류하고, 엄격한 설명 가능성 의무를 적용합니다. 예를 들어 안전에 큰 영향을 줄 교통수단, 시험 채점 등의 교육 문제, 로봇 수술의 인공지능 적용 같은 건강 분야, 국민의 기본권을 침해할 수 있는 법 집행, 이주 및 망명과 관련된 국경 통제, 법 집행에 대한 민주적 절차 문제, 생체인식 모니터링과 관련한 감시 시스템 등이 이에 포함됩니다.

스스로 결정할 권리

인간의 결정이 완벽하지 않듯이 인공지능의 결정이라고 해서 완벽한 것은 아닙니다. 인공지능은 인간보다 빠른 시간 내에 많은 정보를 처리할 수 있습니다. 그러나 인공지능의 결정은 데이터를 분석하여 확률적으로 높은 패턴을 찾아내는 통계에 근거한 예측입니다. 통계는

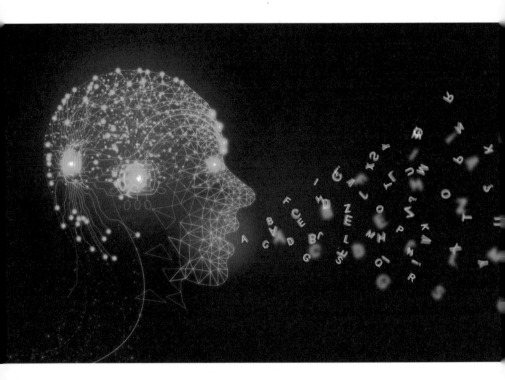

자동화된 의사 결정을 원하지 않는 경우
인간의 검토를 요청할 권리 보장이 반드시 선행되어야 합니다.

어떤 일이 일어날 확률을 보여줍니다. 예를 들어 백 번에 서른 번 정도면 30%, 백 번에 90번 정도면 90%라고 말할 수 있음을 뜻합니다. 그러나 높은 확률이 항상 어떤 일이 일어난다는 것을 보장하지는 않습니다. 그리고 일어날 확률이 높은 일이 반드시 옳은 일은 아닙니다. 자리에 가방을 두고 화장실을 다녀왔을 때 가방을 도둑맞을 확률이 높다고 해서 항상 그런 일이 발생하는 것도 아니며 그런 일이 발생해야만 하는 것은 더더욱 아닌 것처럼요.

또 통계 자체로는 그런 일이 왜 그런 방식으로 일어나는지를 '설명'할 수 없습니다. 설명은 일어난 일에 대한 이유와 근거를 제시하는 일이기 때문입니다. 게다가 어떤 일은 일어날 일이 단 1%일 뿐이더라도 그 일이 발생한다면 피해가 매우 치명적입니다. 사람의 목숨이 달린 일이 대부분 그렇습니다. 그래서 통계적 예측은 우리에게 유용한 정보가 될 수 있지만 한계가 있습니다. 통계가 어떤 사건의 모든 측면을 말해주는 것은 아니며 항상 옳거나 정의로운 판단이라고 말할 수도 없습니다.

우리는 숫자만으로 판단하지 않습니다. 그때의 상황, 연관 있는 사람, 이 결정으로 인해 개인과 사회에 미칠 수 있는 좋은 영향과 나쁜 영향, 예전에 일을 처리했던 방식, 지금 새롭게 고려해야 하는 것, 우리가 더 많은 사람과 나누고 싶은 가치 등 아주 다양한 요소가 우리의 생각과 결정에 영향을 미칩니다. 그러므로 통계만으로는 어떤 일을 왜 그렇게 결정했는지에 관한 충분한 설명이 되기 어렵습니다.

무엇보다 인공지능이 우리의 인생을 대신 살아줄 수는 없습니다. 어떤 결정을 내리든 영향을 받는 것은 나 자신이고, 책임을 지는 것도 나 자신입니다. 따라서 나의 인생에 커다란 영향을 줄 수 있는 중요한 결정을 내릴 때는 반드시 스스로 결정할 수 있는 권리가 보장되어야 합니다. 그러므로 자동화된 의사결정을 원하지 않는 경우에는 인간의 검토를 요청할 권리 보장이 반드시 선행되어야 합니다. 자동화된 의사결정 처리에 따르거나 따르지 않을 자유가 중요하다는 것이지요.

따라서 전 세계의 인공지능 윤리 원칙은 대부분 어떤 결정이든 인간이 최종적으로 검토하고 결정할 것을 권유하고 있습니다. 다시 말해, 인간이 아예 빠지고 인공지능이 판단을 내리는 경우는 없게 하자는 것입니다. 최종 검토 및 결정, 그에 따른 책임을 인간의 몫으로 남겨두는 것입니다. 이를 위해서는 인공지능이 언제, 어떤 분야에서 무슨 업무를 위해 사용되는지가 분명히 밝혀져야 합니다. 또 그러한 결정의 사회적 영향력도 충분히 생각할 필요가 있습니다. 무엇을 인공지능의 결정에 맡기고, 무엇은 인공지능의 결정에 맡기지 않을 것인지는 인간이 스스로 결정할 수 있어야 마땅합니다.

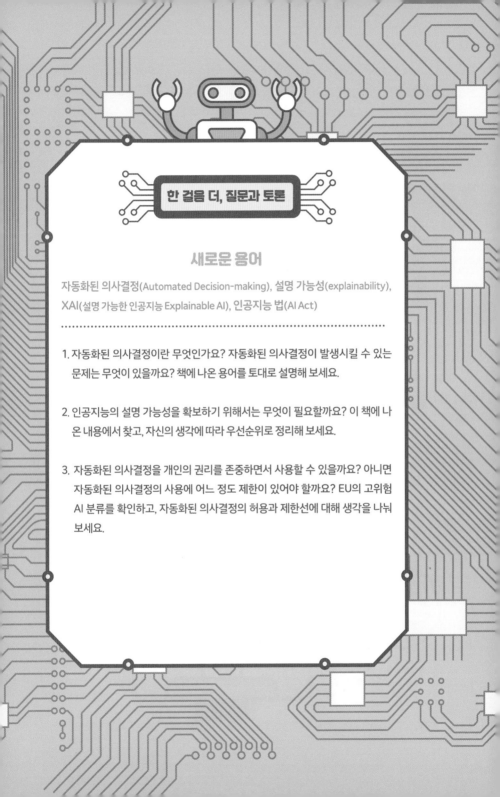

한 걸음 더, 질문과 토론

새로운 용어

자동화된 의사결정(Automated Decision-making), 설명 가능성(explainability),
XAI(설명 가능한 인공지능 Explainable AI), 인공지능 법(AI Act)

··

1. 자동화된 의사결정이란 무엇인가요? 자동화된 의사결정이 발생시킬 수 있는
   문제는 무엇이 있을까요? 책에 나온 용어를 토대로 설명해 보세요.

2. 인공지능의 설명 가능성을 확보하기 위해서는 무엇이 필요할까요? 이 책에 나
   온 내용에서 찾고, 자신의 생각에 따라 우선순위로 정리해 보세요.

3. 자동화된 의사결정을 개인의 권리를 존중하면서 사용할 수 있을까요? 아니면
   자동화된 의사결정의 사용에 어느 정도 제한이 있어야 할까요? EU의 고위험
   AI 분류를 확인하고, 자동화된 의사결정의 허용과 제한선에 대해 생각을 나눠
   보세요.

8

인공지능 자율주행차에 운전을 맡겨도 될까?

여러분은 자율주행차를 타 보셨나요? 서울시는 2022년부터 자율주행차를 시범 운영하고 있습니다. 상암, 청계천, 여의도에서는 정해진 노선을 운행하는 셔틀버스가 다니고 있습니다. 탑승객이 가장 많은 노선은 청와대 주변을 도는 버스라고 합니다. 강남에서는 현대자동차가 2022년 6월부터 2023년 6월까지 임직원을 대상으로 로보택시를 운영하기도 했습니다. 2023년 12월에는 합정역부터 동대문역까지 심야 자율주행버스 운행이 시작되었습니다.

서울뿐만이 아닙니다. 경기도부터 제주도까지, 현재 전국 시·도 25개 권역에서 자율주행차가 시범 운행 중입니다. 다만 안전상의 이유로, 우리가 흔히 떠올리는 자율주행차와 달리 운전석에는 항상 인간 운전자가 앉아 있습니다. 출발하고 정지할 때는 직접 운전을 하기도 하고요. 그래서 자율주행차를 이용한 손님들이 자율주행차를 타

고도 자신이 탄 차가 자율주행차라는 것을 알아차리지 못하는 경우도 있다고 합니다. 여러분이 사는 곳에도 자율주행차가 다니고 있는지 검색해 보세요. 가까운 곳이라면 자율주행차를 직접 한 번 타 보는 것도 좋겠지요.

인공지능은 신호 위반을 하지 않는다

자율주행차란 무엇일까요. 자율주행이란 Autonomous driving 또는 Self-driving의 번역어로, 교통수단이 사람의 개입 없이 스스로 운전하는 것을 뜻합니다. 그래서 우리는 자율주행차라는 말을 들으면, 사람이 운전과 관련된 일은 전혀 하지 않고 좌석에 앉아 딴짓을 하고 있어도 차가 알아서 목적지까지 운전하는 것을 떠올립니다. 다시 말해 인간 운전자가 필요 없는 교통수단을 생각하게 됩니다. 그러나 이 정도의 자율주행은 우리가 개발하는 자율주행차의 기술 단계가 최고 수준이 될 때야 가능한 것입니다.

미국자동차공학회 SAE(Society of Automotive Engineers)는 자율주행차를 기술 발전 수준에 따라 0단계부터 5단계까지로 구분합니다. 0단계는 전적으로 사람이 운전하는 것이고, 1~2단계까지는 운전자가 운전하며 일부분만 자율주행 시스템의 도움을 받습니다. 방향 조종이나

가속, 감속을 보조하는 등 이미 활용되고 있는 부분적 자율주행 기술이 그 사례입니다. 3단계는 전체적으로는 시스템이 운전하고, 운전자는 필요할 때만 개입합니다. 4단계는 고도의 자동화라고 해서, 자율주행차를 위한 도로에서는 시스템이 온전히 운전하는 경우입니다. 5단계는 완전 자율주행 단계로서 모든 구역에서 시스템이 운전을 대신 맡는 것을 뜻합니다. 우리가 상상하는 자율주행차는 4, 5단계이지만 현재 우리나라에서 일상적으로 쓰이는 자율주행 기술은 2단계에 머무르고 있습니다. 4, 5단계의 기술은 한창 개발, 시험, 연구되는 중이지요. 언젠가는 사람 운전자는 운전을 하지 않고, 우리가 상상한 것과 같은 완전한 자율주행 차들이 거리를 가득 메우는 시대가 올 것 같습니다.

사람이 운전하는 것에서 자율주행 시스템이 운전하는 것으로 바뀌면 무엇이 좋을까요. 일단 운전이 편리해지겠지요. 운전을 위해 신경 써야 할 일이 많이 줄어들 것입니다. 운전에는 시력, 체력, 집중력 등 다양한 역량이 필요합니다. 이제 인공지능이 그러한 역량을 보조하고 대신해 줄 수 있는 시대가 열리는 것입니다. 여러 가지 제약으로 인해 혼자서 운전하기 어려운 사람, 쉽게 움직이기 어려운 사람에게 자율주행차 기술은 더 많은 곳을 더 자유롭게 다닐 수 있는 날개가 되어 줄 것입니다. 어린아이를 데리고 이동하는 부모, 노약자, 장애인

이동권 보장을 위해 자율주행차를 활용할 수도 있겠지요.

한편 자율주행차를 이용하면 교통사고가 지금에 비해 크게 감소할 것이라는 기대도 있습니다. 현재 교통사고의 원인은 90%가 졸음, 음주, 조작 미숙 등 운전하는 '사람'이 일으킨 문제이기 때문입니다. 사람을 인공지능으로 대신한다면 그런 일들은 발생하지 않겠지요. 일부만이 아니라 모든 차를 인공지능이 운전한다면 어떨까요. 어쩌면 가장 안전하고 효율적인 교통 관리가 가능할지도 모릅니다.

그러나 자율주행차의 편리함을 누리기 위해서는 생각해야 할 것들이 많습니다. 일단 자율주행차가 사고를 한 건도 내지 않으리라는 보장이 없습니다. 자율주행차는 센서를 통해 주변 상황을 인식하는 기술, 도로 위에 있는 차량의 정확한 현재 위치를 알아차리는 기술, 자율주행 차에게 신호를 전달해 주는 스마트인프라 등 다양한 기술이 더해져 만들어집니다. 수많은 기술이 모두 제대로 작동해야 자율주행차는 안전하게 자신의 역할을 다할 수 있지요.

사고의 책임은 누구에게 있을까?

2018년 3월, 미국 애리조나에서는 자율주행 시험 운전 중이던 차가 한밤중에 자전거를 끌고 4차선 교차로를 건너던 사람을 치어 사망하

게 했습니다. 당시 차에는 시험 운전을 위한 운전자가 타고 있었습니다. 차는 자동차 제작회사 '볼보'의 것이고, 자율주행 시스템은 승차 공유 서비스 회사 '우버'의 것이었습니다. 그렇다면 과연 이들 중 사고에 책임이 있는 쪽은 어디일까요. 차량의 결함이었을까요, 자율주행 시스템의 문제였을까요. 아니면 둘 다의 문제일까요. 많은 기술이 복잡하게 얽혀 있는 자율주행차는 정확한 사고 원인을 확인하기가 일반적인 차 사고보다 더욱 어렵습니다.

몇 년에 걸친 조사 끝에 시험 운전 중이던 운전자가 휴대폰으로 동영상을 시청하는 등 운전자로서의 책임을 다하지 않았다는 이유로 구속되었습니다. 해당 차에 탑승했던 운전자는 "(자율주행 시스템이 작동하고 있어서) 내가 운전하지 않았기 때문에 나는 책임이 없다."고 주장했습니다. 정말 그의 책임은 없을까요? 시험 운전을 하던 자율주행차의 수준은 사람이 운전에 전혀 신경 쓰지 않아도 되는 단계가 아니었습니다. 여전히 사람이 운전에 충분한 주의를 기울이며 자율주행차가 잘 운행되는지 감독할 필요가 있었지요. 조사 결과, 해당 사고는 운전자가 미리 주의했더라면 일어나지 않았을 것이라는 결론이 나왔습니다. 그러므로 책임이 없다던 운전자의 주장은 받아들여지지 않았습니다. 사건을 미리 방지할 수 있었지만 그는 자신의 역할을 다하지 않았기 때문입니다.

그러나 운전자에게만 책임이 있다고 보기에는 애매한 점이 있습니다. 조사 과정에서 밝혀진 바에 따르면, 우버의 자율주행차 시스템은 충돌 5~6초 전에 장애물을 감지했으나 적절한 대응을 하지 못했습니다. 자율주행차 시스템은 포착된 장애물이 사람인지 아닌지 확실하게 알지 못했고, 장애물의 진행 방향과 움직임에 대한 예측도 제대로 하지 못했습니다. 자율주행차가 그 장애물을 사람이 아니라 다른 차량으로 인지했더라도 즉각 브레이크 장치가 작동되어야 했고, 동시에 인간 운전자에게도 긴급 경보를 울려서 알려야 했습니다. 그러나 이 작동이 원활하게 이루어지지 않은 것입니다.

만일 자율주행차 기술이 점차 발전하여, 어느 날 전적으로 인공지능이 차를 몰고 사람은 타고 다니기만 하면 이 문제는 어떻게 되는 것일까요. 인공지능이 운전하다가 사고를 냈으니까 모두 인공지능의 탓일까요? 그러나 인공지능이 사고의 주된 원인일지라도, 인공지능에게 손해 배상이나 처벌 등 사건에 대한 책임을 부과할 수는 없습니다. 인공지능은 감옥에 갈 수도, 돈을 갚을 수도 없습니다.

그렇다면 인공지능 시스템을 만든 회사가 책임져야 할까요? 이를 말하기 위해 우리는 사고가 인공지능 시스템의 문제인지, 차량 자체의 물리적 문제인지, 보행자 혹은 운전자의 실수인지 하나씩 따져볼 필요가 있습니다. 이제 문제는 더욱 복잡해집니다. 우버의 교통사고 조사 결과 및 처리가 몇 년에 걸쳐 이루어졌듯이, 한 가지 사고의 원인을 밝히고 해결하는 일에도 오랜 시간이 걸릴 수 있습니다. 게다가 투명성과 설명 가능성 역시 문제가 됩니다. 교통사고를 조사하는 과정에서 인공지능 시스템의 데이터, 알고리즘, 인공지능 시스템의 의사결정 과정 등에 관한 정보가 투명하고 충실하게 설명될 필요가 있습니다. 만일 투명성과 설명 가능성이 제대로 보장되지 않는다면, 사건의 원인 파악은 몹시 힘들어질 수 있습니다. 또한 인공지능 시스템이 나쁜 의도를 지닌 사람에게 해킹되거나 조종당할 경우도 무시할 수 없습니다.

우리는 책임과 함께 살아간다

생각해 볼 문제가 또 있습니다. 인공지능이 운전을 완전히 대신한다고 하더라도 운전석에는 '내가' 앉아 있었습니다. 사람이 크게 다치거나 죽었는데, 내가 주인인 차량이 사고를 내도 정말 내 책임은 없는 걸까요? 반대로 내가 교통사고 피해자인 경우, 나는 누구에게 책임을 물을 수 있을까요? 사람이 얽혀 있는 일에 책임 있는 사람은 아무도 없다는 것은 아무래도 이상하게 들립니다.

책임은 어떤 일이 일어난 후의 처리나 대응, 예를 들면 처벌을 받거나 피해를 보상하는 일로 흔히 생각됩니다. 교통사고에서 책임을 따지는 일은 특히 그렇습니다. 그러나 이것은 법적 책임일 뿐 책임의 전부는 아닙니다. 더 넓은 의미에서의 책임은 나의 생각이나 행동이 상대방에게 영향을 줄 수 있다는 사실을 알고, 이를 깊이 생각하며 움직이려는 태도입니다. 예를 들어 모둠 활동을 할 때, 나는 모둠 활동에 성실히 참여하여 결과를 만들어 내는 일에 책임이 있습니다. 내가 어떻게 행동하는지에 따라서 활동의 내용과 결과가 달라질 수도 있기 때문입니다. 무엇을 잘못해서 책임을 짊어지는 것이 아니라 스스로 영향력을 발휘할 수 있기 때문에 항상 책임 있는 태도가 필요한 것입니다.

그래서 이런 책임에는 자연스럽게 무엇이 더 좋은 것인지, 무엇이 더 유익하고 가치 있는 것인지, 이 행동의 의미는 무엇인지 곰곰이 따져보는 일도 필요합니다. 이처럼 자신이 직·간접적으로 연결된 것에 충분히 마음을 쓰고, 깊이 생각하며, 가능한 한 좋은 쪽으로 살아가려 노력하는 태도를 '윤리적 책임'이라고 합니다. 그런 의미에서 우리는 항상 책임과 함께 살아가고 있습니다. 어떤 일을 결정하기 전에, 어떤 방식으로 행동하기 전에, 그 일이 일어난 후에, 새롭게 일을 시작할 때, 우리의 삶에는 매 순간 책임이 함께합니다.

그래서 어떤 사람들은 자율주행차를 만들 때도 처음부터 책임감 있는 선택을 하도록 해야 한다고 주장합니다. 하지만 이 계획에는 큰 어려움이 있습니다. '책임을 다하는 최선의 선택'이 무엇인지 쉽게 결론 내리기 힘들다는 것입니다. 이와 관련해 대표적으로 이야기되는 것이 '트롤리 딜레마'입니다.

트롤리 딜레마(Trolley dilemma)는 원래 철학자가 고안해 낸 사고 실험입니다. 사고 실험(thought experiment)을 간단히 말하면 생각만으로 실험하는 것입니다. 이 사고 실험은 1967년, 철학자 필리파 풋(Philippa Foot)이 처음 제시했습니다. 트롤리는 전차라는 뜻이고, 딜레마는 어느 쪽을 선택해도 곤란해져서 이러지도 저러지도 못하는 상황을 의미합니다. 이 사고 실험은 어떤 선택을 해도 곤란한 상황에서 우리는 무엇을 기준으로 생각하고, 어떤 것을 중요하게 고려해야 할지를 생각하게 하려는 목적으로 만들어졌습니다.

브레이크가 고장 난 전차가 4명이 있는 노선으로 움직이고 있습니다. 이대로 전차가 나아갈 경우 4명이 죽습니다. 원래 노선에서 뻗어져 나온 작은 길에는 사람이 1명 있는 상황이고, 기관사는 그 쪽으로 방향을 틀 수 있습니다. 이런 경우 기관사는 어떻게 해야 할까요. 어떤 행동이 가장 좋은 선택일까요. 4명을 죽게 내버려 둬야 할까요, 아니면 4명을 살리기 위해 1명이 있는 쪽으로 일부러 나서서 방향을 바꿔야 할까요. 이 문제를 고민하는 것이 트롤리 딜레마입니다.

오늘날 자율주행차에 관한 논의는 사고가 나서 인명피해가 발생할 수 있는 상황에서, 인공지능이 어떤 판단을 내려야 가장 최선인지

트롤리 딜레마 - 윤리학에서 가정하는 사고 실험으로, 제동 장치가 고장 나 정지할 수 없는 전차가 소수 또는 다수의 사람을 희생시킬 수밖에 없을 경우 어느 쪽을 선택해야 하는가에 대한 질문이다. 소수를 위해 다수가 희생하는 것에 대해, 혹은 다수를 위해 소수가 희생하는 것에 대해 윤리학의 관점에서 올바른 선택을 내릴 수 있는지가 주요 논점이다.

를 찾기 위해 트롤리 딜레마의 상황을 빌려옵니다. 내가 타고 가는 자율주행차의 브레이크가 고장이 났습니다. 그런데 앞쪽에는 길을 건너고 있는 많은 시민이 있습니다. 자율주행차의 알고리즘이 핸들을 그대로 유지하면 앞쪽에 있는 많은 사람이 죽게 되고, 핸들을 틀어서 경로를 변경하면 탑승자인 내가 죽는다고 가정할 때, 자율주행차의 알고리즘은 어떤 선택을 해야 할까요. 그리고 우리는 이 선택을 인공지능에게 맡겨도 괜찮은 걸까요?

미국의 MIT 대학 연구팀은 인공지능에게 무작정 판단을 맡기기보다는 인간이 먼저 답변을 정해서 인공지능을 만들면 좋을 것이라는 입장입니다. 이를 위해 연구팀은 2014년부터 전 세계 인구를 대상으로 '도덕적 기계(Moral Machine)'라는 설문조사를 진행했습니다.

그 결과, 78%의 시민이 '핸들을 틀도록 프로그래밍하는 것이 옳은 일'이라고 답변했습니다. 그러나 이렇게 대답한 시민을 대상으로 '그렇다면 당신은 탑승자보다 보행자를 우선 보호하도록 설계된 자율주행차를 사겠는가?'라고 다시 묻자, 대부분의 사람들은 그 차를 사지 않겠다고 답변했습니다. 모순적인 답변이지요.

이후 설문조사는 트롤리 딜레마와 같은 상황을 다양한 스타일로 바꿔서 물어봅니다. 자율주행차 앞에 놓인 대상을 아는 사람 대 모르는 사람, 연령대, 성별, 인간과 동물, 부자와 가난한 사람 등으로 구분하여 여러 가지 상황에서 사람들의 선택을 확인해 본 것입니다. 지금도 해당 사이트(https://www.moralmachine.net)는 운영되고 있고, 여러분도 여기에서 직접 설문조사를 해 볼 수 있습니다. 여러분은 어떤 판단을 내릴까요?

설문조사 결과에 따르면, 대다수의 사람들은 개나 고양이 같은 동물보다 사람의 생명을 구해야 한다고 생각합니다. 그리고 1명보다는 다수의 사람을 구하는 것이 더 낫다고 생각합니다. 그러나 노인보다 나이가 더 어린 사람을 우선으로 구해야 하는지, 노인이 우선이어야 하는지에 대한 생각은 지역별로 조금 다르게 나타났습니다. 이에 따라 연구팀은 최선의 판단을 내리는 자율주행차를 위해서는 전 세계적인 대화와 사회적 합의가 필요하다고 강조했습니다.

다수의 선택은 반드시 옳은 걸까?

이 연구는 큰 화제가 됐지만 많은 비판을 받기도 했습니다. 여러분은 어떤가요. 이 연구와 연구 결과에 대한 설명을 읽으며 마음에 걸리는 부분이 있었나요? 있다면 어떤 부분이고, 이유는 무엇인가요? 다음 내용을 읽기 전에 스스로 한번 생각해 봅시다.

첫째, 이 연구는 더 많은 사람이 선호하는 선택이 옳은 선택이라는 인상을 줍니다. 그러나 많은 사람이 선택한다고 해서 그것이 반드시 옳은 생각이나 행동이라고 말할 수는 없습니다. 제2차 세계대전 당시, 히틀러로 대표되는 독일의 나치당은 독일인의 우수함을 강조하며 유대인을 열등한 민족으로 지정하여 차별했습니다. 재산을 몰수하고, 마음대로 이사하거나 여행하지도 못하게 막았습니다. 최종적으로는 전 세계의 모든 유대인을 없애려는 목적으로 사람들을 수용소에 가둔 채 가혹한 노동을 시킨 것도 모자라 가스실에서 사람을 죽이는 역사상 유례 없는 만행을 저지르기도 했습니다. 당시 독일에서는 독일인이 유대인보다 더 나은 인종이며, 열등한 민족인 유대인은 없어져야 한다는 생각에 많은 사람들이 찬동했습니다. 히틀러는 투표를 통해 합법적으로 선출된 국가 원수였습니다. 유대인을 차별하고 없애려 할 때조차, 그들은 자신들이 만든 법에 따라 움직였습니다. 그것이 법을 지키는 일이어도, 대다수의 사람이 그것을 찬성해도, 그것이 반드시 옳은 일이라는 보장은 없습니다.

둘째, 이 연구는 생명이라는 것과 '살아감'의 의미에 대해서는 고민하지 않습니다. 1명과 4명의 목숨을 숫자로 단순 비교할 수 있나요? 그 1명이 나 자신이거나, 나의 가족 혹은 친구일 때 4명의 목숨에 비해 1명의 목숨은 가벼운 것이라고 말할 수 있을까요? 우리가 나 자신에게 가까운 사람의 목숨을 염려하는 만큼, 지나가는 한 사람도 누군가에게는 소중한 사람이라는 점을 잊지 않아야 합니다. 한 사람의 목숨, 한 사람의 삶이란 그 사람이 지금까지 살아온 모든 기억, 관계, 기쁨과 슬픔, 앞으로의 희망 등 다양한 빛깔을 그 안에 담고 있습니다. 그러므로 다른 사람의 목숨이나 삶으로 그것을 대신할 수는 없는 것입니다. 설문조사를 하는 동안 우리는 '둘 중 하나를 선택'해야 한다는 것에 신경을 쏟느라 실제 생명의 귀중함에 대해서는 미처 생각하지 못한 것일 수도 있습니다.

그런 점에서 연구의 실험 설계 자체가 적절한지 되짚어 생각해 볼 필요가 있습니다. 왜 비교 대상이 나이 많은 사람과 젊은 사람, 부자와 가난한 사람일까요. 이러한 실험 설계의 바탕에는 사람을 한두 가지 특성에 따라 구분하고 다르게 대하는 게 당연하다는 생각이 숨어 있습니다. 사람은 복잡한 존재입니다. 성별, 나이, 재산의 정도가 같다고 해서 같은 사람이 아닙니다. 예를 들어 나는 한국 사람이지만, '대한민국 사람'이라는 특징이 나의 전부를 말해주지는 않습니다. 그것이 말해주는 것은 내가 대한민국 국적을 가졌다는 것뿐입니다. 단지 그 하나의 기준 때문에 나를 대한민국 국적을 가진 다른 모든 사람과 하나로 뭉뚱그려 같은 사람으로 취급하는 것은 불합리한 일입니다.

인공지능이 윤리적 책임을 다할 수 있을까?

트롤리 딜레마의 어려움은 크게 두 가지입니다. 하나는 '딜레마 상황에서 가장 옳은 선택이 무엇인지 모르겠다'이고, 다른 하나는 '그러므로 인공지능이 어떤 판단을 내리도록 설계해야 할지 정확하게 결정할 수 없다'는 것입니다. 다시 말해 다양한 교통사고 발생 상황에서 무엇이 최선의 선택인지 미리 알고 대비할 수 없다면, 최소한 이 문제에 대한 적절한 해답을 찾기 전까지는 자율주행차의 실제 주행에 제한을 두어야 할 것입니다. 정해진 도로나 구간 안에서만 운전하도록 하거나, 인간이 운전에서 완전히 신경 쓰지 않을 정도의 완전자율주행 자동차는 허용하지 않는 것도 방법입니다.

더 큰 문제는 인공지능이 윤리적 책임을 갖는다고 말할 수 있을지, 윤리적 책임을 다할 수 있을지입니다. 현재의 인공지능은 윤리적 책임이라는 태도를 지닐 수 없습니다. 그래서 그 대신, 인공지능을 만들고 사용하는 사람들이 그에 대한 충분히 책임 있는 태도를 지녀야 합니다. 그렇다면 윤리적 책임을 다할 수 있도록 인공지능을 만들게 된 미래의 어느 날이 오면 문제는 사라질까요. 그런데 자기 일에 충분한 책임감을 느끼며 스스로 생각하거나 반성하고 결정하는 인공지능은 인간과 무엇이 다를까요. 우리는 그런 인공지능을 만들어야 할까요? 바로 이런 문제들을 생각하는 것은 다름 아닌 우리의 책임입니다.

기술이 모든 문제를 해결해 주지는 않습니다. 오히려 기술이 사회에서 쓰일 때, 우리가 책임감을 가지고 생각할 문제는 더 많이 생겨날 수 있습니다. 인공지능에게 전적으로 운전을 맡기는 것은 그 부작용과 영향력까지 고려한 결정인지, 자율주행차의 운전에 대한 책임 있는 생각과 결정이 무엇일지 더욱 깊이 생각해 봐야 합니다.

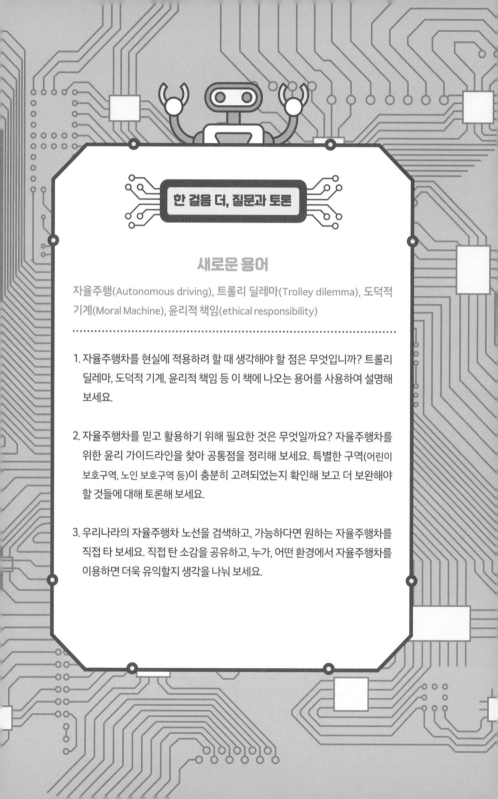

한 걸음 더, 질문과 토론

새로운 용어

자율주행(Autonomous driving), 트롤리 딜레마(Trolley dilemma), 도덕적 기계(Moral Machine), 윤리적 책임(ethical responsibility)

....

1. 자율주행차를 현실에 적용하려 할 때 생각해야 할 점은 무엇입니까? 트롤리 딜레마, 도덕적 기계, 윤리적 책임 등 이 책에 나오는 용어를 사용하여 설명해 보세요.

2. 자율주행차를 믿고 활용하기 위해 필요한 것은 무엇일까요? 자율주행차를 위한 윤리 가이드라인을 찾아 공통점을 정리해 보세요. 특별한 구역(어린이 보호구역, 노인 보호구역 등)이 충분히 고려되었는지 확인해 보고 더 보완해야 할 것들에 대해 토론해 보세요.

3. 우리나라의 자율주행차 노선을 검색하고, 가능하다면 원하는 자율주행차를 직접 타 보세요. 직접 탄 소감을 공유하고, 누가, 어떤 환경에서 자율주행차를 이용하면 더욱 유익할지 생각을 나눠 보세요.

9

인공지능이
기후 위기를
악화시킬까?

그레타 툰베리를 아시나요. 2018년, 15살이던 툰베리는 바다를 뒤덮은 쓰레기와 그로 인해 고통받는 동물을 다룬 다큐멘터리를 보면서 기후변화에 대해 깊이 생각하고 걱정했습니다. 그녀는 곧 자신의 생각을 행동으로 옮기기 시작했습니다. 같은 해 8월, 툰베리는 매주 금요일마다 등교를 거부하고 기후 환경을 위한 1인 시위에 나섭니다. 툰베리의 활동은 SNS를 통해 화제가 되며 빠르게 세계 전역으로 퍼져 나갔습니다. 1년여 만에 131개국 2000여 개의 도시에서 수백만 명의 학생들이 '미래를 위한 금요일'이라는 이름으로 툰베리가 시작한 기후변화 대응 운동에 동참했습니다.

툰베리는 이러한 노력을 인정받아 2019년 뉴욕에서 열린 UN 기후변화 행동 정상회의에서 연설하게 됩니다. 기후변화가 인류의 지속과 전체 생태계를 위협하고 있는 오늘날, 이를 막기 위해 적극적으로 행동하지 않는 기업과 정부에 대한 강렬한 항의가 주된 내용이었습니다. 기성세대가 경제 성장과 돈벌이에 관한 달콤한 거짓말만 되풀이하면서 기후변화에는 미온적이기 때문에 미래 세대가 누려야 할 지구 환경 여건이 나빠진다는 주장은 설득력이 있었습니다. 실제로 툰베리는 스웨덴에서 뉴욕까지 비행기를 타는 대신 친환경 요트를 이용해 15일에 걸쳐 이동하기도 했습니다. 여러분은 툰베리의 말과 행동을 보면서 어떤 생각이 들었나요.

미래를 빼앗지 마세요

기후변화(climate change)란 무엇일까요. 오늘과 내일, 일주일이나 한 달처럼 상대적으로 짧은 기간의 날씨 흐름을 '기상'이라고 합니다. 그래서 날씨를 예보하는 곳을 '기상청'이라고 하지요. 반면 '기후'란 보다 장기간에 걸친 지구 날씨의 흐름을 뜻합니다. 아주 오랜 시간에 걸쳐 지구의 기후는 꾸준히 변화해 왔습니다. 그러나 오늘날 우리가 문제 삼는 기후변화는 그 의미가 조금 다릅니다.

대표적인 것이 지구의 기온이 오르는 현상인 지구온난화입니다. 북극 지역의 얼음이 녹는 것은 지구온난화의 한 사례입니다. 북극 지방의 거대한 얼음이 녹으면서, 북극곰을 비롯해 북극에 사는 많은 동

식물이 살아갈 터전을 잃고 있습니다. 미국 워싱턴대와 와이오밍대, 북극곰 보호 단체인 '폴라베어 인터내셔널'의 공동 연구팀은 지구온난화 현상으로 인해 2020년에는 북극곰이 먹이를 못 먹고 굶는 날이 1년 중 137일이나 된다고 발표했습니다.

지구온난화는 동물에게만 영향을 미치지 않습니다. 남태평양의 투발루는 총 9개의 섬으로 이루어져 있는데, 지구온난화로 해수면이 상승하면서 땅이 물속으로 가라앉는 중입니다. 이미 2개의 섬은 완전히 잠겼고, 전체 인구의 20%가 이민을 떠난 상태입니다. 바닷물이 육지로 밀려 들어오면서 농사를 짓기도 힘들어졌다고 합니다. 만일 지금과 같은 속도로 계속해서 해수면이 상승한다면 수십 년 안에 절반이나 가라앉고, 2100년이 되면 나라 전체가 지도에서 사라져 버리게 됩니다. 기후변화로 인해 살 곳을 잃고 떠나야 하는 사람들을 '기후 난민'이라고 하는데, 앞으로 기후 난민은 더욱 많이 늘어날 전망입니다.

문제가 되는 것은 바다만이 아닙니다. 지구 기온이 상승하면 폭염 같은 이상 기후가 발생하기 쉽습니다. 2023년 4~5월에는 전 세계적인 폭염이 발생해 많은 사람들이 피해를 입었습니다. 자연적으로 발생하는 폭염보다 강도가 더 높고 기간이 긴 것이 특징입니다. 베트남과 방글라데시, 인도 동북부는 40도를 넘었고, 미국의 오리건 주와 워싱턴 주에서는 평소보다 기온이 20도 이상 치솟았습니다. 뜨거운

유엔기후변화협약에 따르면, 기후변화는 자연스러운 기후의 변화가 아닌
인간의 활동 때문에 일어난 추가적인 변화를 뜻합니다.

공기는 대기를 건조하게 만들기 때문에 산불 위험도 커집니다. 실제로 캐나다에서는 고온 건조한 날씨가 이어지면서 산불이 90여 건 발생하고, 비상사태가 선포되어 수만 명이 대피하기도 했습니다. 공기가 뜨거워지면 땅 위의 물도 쉽게 말라 버립니다. 그래서 물이 부족해지고, 땅이 마르면 농사짓기가 어려워져서 물 부족은 식량 위기로 이어집니다. 강력한 한파 역시 지구온난화의 영향입니다. 2023년 겨울, 한국에서는 영하 20도가 넘는 이례적인 한파가 발생했습니다. 한파가 발생한 까닭은, 전 세계적인 지구온난화로 인해 북극의 공기마저도 따뜻해지면서 북극에 가득한 차가운 바람이 세계로 퍼져나가는 것을 막기 어려워졌기 때문입니다.

이처럼 물 부족, 식량 부족, 해수면 상승, 폭염, 홍수, 태풍, 한파 등 우리의 생활 환경에 돌이킬 수 없는 위험을 불러일으키는 기후변화 상태를 '기후 위기(Climate crisis)'라고 합니다. 오늘날의 기후변화는 현재의 삶과 미래의 삶을 모두 위협하고 있기에 전 세계적인 문제가 됩니다.

인공지능의 발자국들

기후변화는 지구상의 온실가스(greenhouse gases)가 증가하기 때문에 일어납니다. 온실가스는 자연적으로도 발생하는데, 자연적인 온실가스는 지구를 생명체가 살기 적합한 온도로 만들어 줍니다. 그러나 인간의 산업, 교통, 에너지 생산 등에 의해 인위적으로 발생한 온실가스는 지구 평균 기온을 상승시키는 주범입니다. 온실가스에는 이산화탄소(CO_2), 메탄(CH_4), 아산화질소(N_2O), 수소불화탄소(HFCs), 과불화탄소(PFCs), 육불화황(SF_6) 같은 가스가 포함됩니다. 이산화탄소는 전체 온실가스 중 80%를 차지합니다. 특히 18세기에 산업혁명이 시작된 뒤 인간이 화석 연료를 사용하면서 이산화탄소가 급증했고, 그로부터 지구의 평균 기온은 급격하게 상승하는 중입니다.

기후 위기, 기후변화에 대응하기 위해서는 이산화탄소를 줄이는 것이 가장 중요합니다. 그런데 이즈음에는 인공지능이 이산화탄소의 발생에 커다란 영향을 끼치고 있다는 보고가 잇따르고 있습니다. 사람이 발생시키는 이산화탄소의 총량을 탄소 발자국(Carbon Footprint)이라고 하는데, 인공지능이 발생시키는 탄소 발자국이 매우 거대한 규모라는 것입니다.

일반적으로 사람 한 명이 살아가는 동안 1년에 약 5톤의 탄소를 배출한다고 합니다. 그런데 미국 매사추세츠 대학이 2019년에 내놓은 연구 결과에 따르면, 인공지능을 위한 자연어 처리(Natural Language Processing) 모델을 학습시키는 과정에서 배출되는 탄소량이 예상치를 훨씬 웃도는 것으로 밝혀졌습니다. 자연어 처리란 인간이 평범하게 사용하는 언어인 '자연어'를 통계적으로 구조화하여 컴퓨터가 처리할 수 있는 프로그래밍 언어로 바꾸는 것을 말합니다. 인공지능 비서 시리가 우리의 말을 알아듣고 대답하는 것처럼 컴퓨터가 인간의 언어를 분석하고 이해하는 기술입니다. 이 과정에서 배출되는 탄소량이 약 284톤으로, 사람이라면 57년에 걸쳐 배출할 양이고, 이는 휘발유 자동차 다섯 대를 제조 과정부터 수명이 다할 때까지 몰 때 배출되는 탄소량과 맞먹습니다. 비행기로 치면, 뉴욕에서 베이징까지 125회를 왕복할 수 있는 양이라고 합니다.

인공지능을 만들고 활용하기 위해 반드시 필요한 것 중 하나가 데이터입니다. 인공지능을 학습시키기 위해서는 대량의 데이터가 필요한데, 이 데이터를 관리하고 보관하는 것이 데이터 센터입니다. 데이터 센터는 컴퓨터와 통신 장비, 저장 장치 등으로 이루어져 있고 365일 24시간 내내 가동됩니다. 데이터 센터를 끊임없이 가동하면 열기를 식히기 위한 냉각 장치가 반드시 필요해집니다. 냉각 장치를 1년 내내 유지하기 위해서는 이번에도 아주 많은 전력이 공급되어야 합니다. 예를 들어 구글의 데이터 센터에서 사용하는 2020년 기준 연간 전력 사용량은 미국의 큰 도시 샌프란시스코 전체가 소비하는 전력의 2배에 달합니다. 전력은 대부분 화석연료를 태워 생산한 것으로, 이처럼 인공지능 기술이 발달하고 더 많은 데이터 센터가 생겨나는 만큼 탄소 발자국도 증가합니다. 데이터 센터는 이제 세계 최대의 전기 소비처 가운데 하나입니다. 스웨덴의 한 연구진은, 2030년에는 데이터 센터를 위해 필요한 전력량이 15배 가까이 증가할 것이라고 예측하고 있습니다.

새로운 인공지능 기술을 개발하고 이를 테스트하기 위해서는 매우 많은 양의 컴퓨팅 자원이 필요합니다. 컴퓨팅 자원이란 대규모의 계산을 위해 필요한 하드웨어와 소프트웨어를 뜻합니다. 사람들은 더 큰 규모의 컴퓨터를 이용하여 더 많은 양의 데이터를 계산하고 처리하는 것이 인공지능 발전에 도움이 된다고 믿기 때문에 인공지능 학습을 위해 활용되는 컴퓨팅 자원은 점점 증가하는 추세입니다. 예를 들어 2015년 한국의 이세돌 9단과 바둑을 겨뤘던 인공지능 알파고는 1920개에 이르는 중앙처리장치(CPU)와 280개의 GPU를 사용했습니다. 이들이 사용하는 전력 에너지는 한 번에 1메가와트(MW)입니다. 이는 인간 뇌가 소비하는 에너지의 약 5만 배에 달합니다. 게다가 인공지능의 학습을 위해서는 최소 몇 주에서 몇 개월이 걸린다는 점을 감안하면, 소비되는 전력량이 어느 정도인지 어렵지 않게 추측할 수 있습니다.

인공지능 기술을 뒷받침하는 IT(정보통신) 업계의 탄소 배출량은 이미 항공 산업이 배출하는 탄소량에 맞먹습니다. 눈으로 보기에는 어떠한 매연도 내뿜지 않는 디지털 산업이 실제로는 막대한 양의 탄소

2020년 기준 구글의 데이터센터에서 사용하는 연간 전력 사용량은 미국의 큰 도시 샌프란시스코 전체가 소비하는 전력의 2배에 달합니다.
전력은 대부분 화석연료를 태워서 만듭니다.

발자국을 생산하고 있는 것이지요.

　인공지능 기술의 개발과 활용이 기후 환경에 미치는 영향은 그뿐만이 아닙니다. 데이터 센터를 식히기 위해서는 냉각제가 필요한데, 이를 유독한 화학 물질로 만드는 경우가 많습니다. 데이터 센터에 전력이 부족할 때 써야 하는 리튬 배터리도 환경에 부정적인 영향을 줍니다. 배터리를 만들기 위해 리튬을 채굴하면서 주변 생태계가 파괴되기 때문입니다. 당연한 말이지만, 다 쓴 배터리를 폐기할 때도 환경이 오염됩니다.

지구를 위한 인공지능 프로젝트

그렇다면 우리는 인공지능이 가져다 줄 미래를 이쯤에서 포기해야 할까요. 그러기는 어렵기에 기후 위기에 대응하기 위한 다양한 방법이 시도되고 있습니다. 무엇보다 전 세계 기업들은 데이터 센터가 배출하는 탄소량을 줄이기 위해 가장 큰 노력을 기울이는 중입니다. 구글은 2030년까지 데이터 센터의 탄소 배출량을 0으로 만들겠다는 야심찬 비전을 제시했습니다. 화석 연료 대신 풍력과 태양열 등 자연의 힘으로 만들어지는 재생 에너지를 사용하고, 데이터 센터에도 열을 덜 방출하는 첨단 신소재를 적극적으로 활용하기로 했습니다. 또 구글의 인공지능인 딥마인드를 통해 에너지를 가장 효율적으로 쓰는 방식을 계산하여 전력 소모량을 최대한 줄이기로 했습니다.

구글뿐만이 아닙니다. 데이터 센터를 운영하는 기업들은 다각도의 전력 효율화를 통해 배출되는 탄소량을 낮추는 데 적지 않은 비용을 들이고 있습니다. 인공지능을 설계하는 단계부터 탄소 배출량을 줄이기 위한 연구에도 세계인의 눈과 귀가 집중되고 있습니다. 데이터를 최대한 적게 사용하도록 AI 알고리즘을 작게 만드는 '모델 압축' 연구가 그중 하나입니다. 또 인공지능과 관련된 연구 논문을 심사할 때도 심사 기준에 알고리즘의 탄소 배출량을 포함하는 방안도 논의 중입니다. 유럽연합에서는 아예 '인공지능 법(AI Act)'을 통해 컴퓨팅 자원을 많이 사용하는 인공지능에 더욱 엄격한 규제를 부여하는 방안을 검토하고 있습니다.

그러나 인공지능의 탄소 배출량을 전체적으로 조절하고 관리하기 위해서는 각각의 인공지능 시스템이 탄소를 얼마나 배출하는지 알아야 합니다. 그러려면 인공지능 모델의 학습 기간과 컴퓨팅 자원을 정확히 파악해야 하지만 현재 인공지능 시스템을 개발하는 회사들은 이들을 투명하게 밝히지 않고 있습니다. 그 때문에 개발 중인 인공지능이 얼마나 많은 전력을 사용하는지, 얼마나 많은 탄소를 배출하는지도 전혀 확인되지 않습니다.

여기서 다시 인공지능의 '투명성' 문제가 불거집니다. 인공지능의 학습 과정이 인간과는 다르기에, 인간이 인공지능의 작동 방식이나 근거를 투명하게 이해하기 어렵다는 의미입니다. 그러므로 인공지능을 제대로 이해하기 위해서는 인공지능이 활용하는 여러 요소나 절차에 대한 설명이 필요합니다. 이렇게 투명성은 다시 설명 가능성의 문제로 이어집니다. 과정과 근거를 설명할 수 있어야 관련된 작동 방식을 이해하고, 필요에 따라 수정하거나 보완할 부분을 확인할 수 있기 때문입니다. 향후 유럽연합은 인공지능 모델의 탄소 배출량 확인을 위해 인공지능이 배출하는 탄소량 측정법을 마련하고, 인공지능이 얼마나 많은 에너지를 소비하는지에 관한 정보 공개를 공식적으로 요청할 예정입니다. 지구 환경에 미치는 인공지능의 영향을 투명하게 드러내고 충분히 설명해야 한다는 것이지요.

그런가 하면 인공지능은 기후변화에 대응하기 위해 유용하게 활용되기도 합니다. 유럽우주국(The European Space Agency, ESA)에서는 위성을 통한 지구 관측 데이터를 분석하여 지구 환경 변화에서 일정한 패턴을 찾아내고, 인간 생활 및 산업과의 연관성을 밝혀내는 데 힘쓰고 있습니다. 그 가운데 하나가 '대기 모니터링 서비스'입니다. 미세먼지, 이산화질소 등의 온실가스 농도에 대한 인공지능 기반 분석 및 예측 모델입니다. 이 서비스는 대기의 질을 측정하여 기후변화를 관측한 뒤에 발 빠르게 대처하도록 도울 수 있습니다.

재생 에너지의 효율성과 접근성을 개선하는 데도 인공지능이 사용됩니다. 태양열이나 풍력 등은 날씨의 영향을 많이 받기 때문에 에너지를 적절하게 관리하기가 쉽지 않습니다. 영국의 국영전력회사는 인공지능 기반 태양 에너지 발전량 예측 기술로 구름의 분포와 이동을 예측하는 프로젝트를 진행하고 있습니다. 태양 에너지 생산에 가장 큰 영향을 미치는 요소가 구름의 분포이기 때문입니다. 그러므로 구름의 분포와 이동을 정확하게 데이터화하면 태양열 발전량을 사전에 예측할 수 있습니다. 이러한 태양열 예측 기술은 에너지 생산의 효율성을 향상시키고 화석 연료 사용량을 줄여서 향후 영국의 이산화탄소 배출량을 연간 10만 톤 이상 줄일 것으로 기대되고 있습니다. 풍력 발전의 경우도 마찬가지입니다. 풍력 발전에서는 바람이 잘 불고 많이 부는 위치 선정이 제일 중요합니다. 인공지능은 기온, 기압, 습도, 강우량, 바람의 이동과 경로, 조수간만의 차 등 풍력 발전에 영향을 미치는 데이터를 분석한 뒤에 에너지를 가장 많이 생산할 수 있는 위치를 찾고 그에 따른 생산량을 예측합니다. 그뿐 아니라 풍력 발전소의 터빈 같은 기계 설비가 잘 작동하는지 확인하고 이상 신호를 찾아내는 역할도 수행합니다.

마이크로소프트는 2017년부터 5년에 걸쳐 인공지능 기술을 통한 지속 가능한 미래를 만들기 프로젝트인 '지구를 위한 인공지능(AI for Earth)'을 실행하고 있습니다. 이 프로젝트는 불필요한 에너지 낭비를 줄이고 에너지 효율을 최대화하는 일뿐만 아니라, 멸종 위기에 처한 동물을 보호하는 내용도 포함하고 있습니다. 예를 들어 코끼리 울음소리로 코끼리 생태를 확인하는 AI가 있습니다. 아프리카코끼리는 최근 수십 년 동안 상아 수집을 위한 불법 밀렵으로 인해 전체 개체의 3분의 2가 사라졌다고 합니다. 인공지능은 온갖 소리가 뒤섞인 열대 우림에서 코끼리 소리와 그밖의 잡다한 소리를 구분하는 역할을 수행합니다. 코끼리 소리를 통해 코끼리가 주로 지내는 서식지를 찾고, 코끼리가 몇 마리나 살고 있는지 확인하여 보호하려는 것이지요. 전에는 소리 데이터 처리를 위해 최소 3주의 시간이 필요했지만, 인공지능은 이 기간을 단 하루로 줄여 주었습니다. 남극 빙하가 녹아 위험에 처한 펭귄을 보호하기 위한 활동도 있습니다. 위성사진으로 펭귄의 개체 수를 예측하는 프로젝트입니다. 펭귄의 움직임은 추적이 까다로워서 다른 동물보다 보호하기 어렵다고 알려져 있습니다. 인공지능 기술로 위성사진 이미지를 디지털 정보화하면 펭귄의 개체 수, 서식지, 이동 경로 등을 파악할 수 있을 뿐만 아니라 여러 펭귄 종의 개체 수를 알아내는 데도 편리하게 쓰일 수 있습니다.

중요한 것은 기술이 아니라 '생각'과 '행동'

기후변화 문제에 도움을 주는 인공지능의 등장에도 불구하고, 기술 규모에 따라 탄소 배출량이 늘어나는 것은 부정할 수 없는 사실입니다. 자칫 잘못하면 우리의 삶을 개선하기 위해 개발한 기술이 오히려 우리가 살아가는 데 꼭 필요한 지구 환경을 파괴할 수도 있습니다. 그러므로 우리는 인공지능이 인간의 삶과 지구 환경에 피해를 주지 않도록, 나아가서는 예상되는 피해마저도 최소화될 수 있도록 각별한 주의를 기울여야 할 필요가 있습니다.

그러려면 시작 단계부터 어떤 분야에서 정확히 어떤 역할을 담당할 것인지 심사숙고한 뒤에 기술 개발의 내용과 방향을 결정해야 합니다. 인공지능이 새로 나온 신기한 기술이라는 이유로, 혹은 큰 돈을 벌게 해 줄 것이라는 이유로, 일단 저지르듯이 만들어 놓고 뒤에 가서 탄소 문제를 어떻게 할지 고민해서는 안 됩니다. 인공지능이 개발되고 활용되는 과정에서 어쩔 수 없이 탄소가 배출되기 때문입니다. 인간이 이제껏 살아오면서 축적되어 온 삶의 지혜는 다양하고, 우리가 선택할 수 있는 범위는 생각보다 넓습니다. 최첨단의 기술만이 모든 문제를 해결할 수 있는 것은 아니기 때문에 탄소 배출량을 줄일 수 있는 아주 작은 실마리라도 우리 삶에서 찾아내야 합니다.

중요한 것은 기술보다 우리의 생각과 행동입니다. 기후 위기가 먹

구름처럼 덮이고 있다는 사실을 분명히 알고, 멀리 내다보며 행동하는 자세가 필요합니다. 그럼에도 어떤 사람들은 아직도 기후 위기를 겪고 있다는 사실을 인정하려 하지 않습니다. 또 어떤 사람들은 기후 위기를 인정하면서도 바꿀 수 있는 일은 없다고 주장하며 아무런 대응도 하지 않습니다. 그러나 지구라는 삶의 터전은 영원불변하는 것이 아니라 우리의 생각과 움직임에 의해 끊임없이 변화하며 새롭게 만들어지는 것이기도 합니다. 우리가 행동하면 바뀔 수 있습니다. 예를 들어 전자기기를 자주 바꿀수록 탄소 배출량은 늘어납니다. 반대로 전자기기를 덜 구입하고 오래 쓸수록, 크기가 작고 에너지 효율이 높은 기기를 사용할수록 탄소 배출량은 줄어듭니다. 마찬가지로 일회용품 대신 다회용을 쓸수록 탄소 배출량이 줄어듭니다. 기후변화 문제와 대응에 가장 큰 영향을 끼치는 것은 거대 규모의 기업체들이므로, 탄소 배출량을 줄이고 재생 에너지를 활용하려는 그들의 시도 또한 시민들의 건의와 노력 없이는 불가능합니다.

나는 장차 어떤 모습으로 살아가게 될까요. 보통 우리는 이루고 싶은 꿈, 바라는 진로나 직업, 앞으로 살고 싶은 모습 들에 대해 깊게 고민합니다. 그런 삶을 살기 위해 저마다의 방법을 찾고, 시도하고, 노력합니다. 하지만 그러기 위해 반드시 존재해야 할 것에 대해서는 큰 고민을 하지 않는 듯합니다. 그것은 다름 아닌 지구 환경입니다. 우리는 지구 환경 위에서 발 딛고, 숨 쉬고, 먹고 마시며 살아갑니다. 지구가 없으면 우리는 살아갈 터전을 잃게 됩니다. 기술이 우리에게 주는 편리함이 진짜 편리함인지, 혹시 그 편리함을 위해 어떤 값비싼 대가를 치르고 있는 건 아닌지 깊이 생각해 볼 필요가 있습니다.

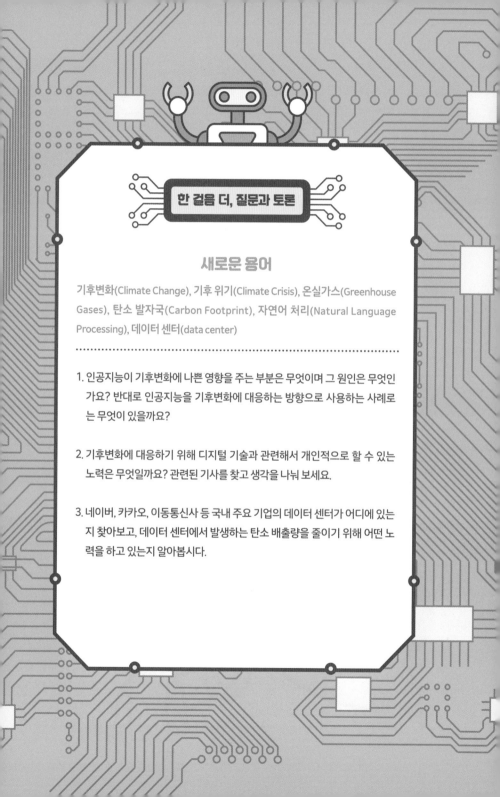

한 걸음 더, 질문과 토론

새로운 용어

기후변화(Climate Change), 기후 위기(Climate Crisis), 온실가스(Greenhouse Gases), 탄소 발자국(Carbon Footprint), 자연어 처리(Natural Language Processing), 데이터 센터(data center)

1. 인공지능이 기후변화에 나쁜 영향을 주는 부분은 무엇이며 그 원인은 무엇인가요? 반대로 인공지능을 기후변화에 대응하는 방향으로 사용하는 사례로는 무엇이 있을까요?

2. 기후변화에 대응하기 위해 디지털 기술과 관련해서 개인적으로 할 수 있는 노력은 무엇일까요? 관련된 기사를 찾고 생각을 나눠 보세요.

3. 네이버, 카카오, 이동통신사 등 국내 주요 기업의 데이터 센터가 어디에 있는지 찾아보고, 데이터 센터에서 발생하는 탄소 배출량을 줄이기 위해 어떤 노력을 하고 있는지 알아봅시다.

10

미래의 인공지능, 어떤 관계를 맺을까?

2017년, 인공지능 로봇 '소피아'는 로봇 최초로 사우디아라비아의 시민권을 부여받았습니다. 소피아는 핸슨 로보틱스라는 회사가 개발한 인공지능 휴머노이드입니다. 인간의 모습과 닮은 로봇을 휴머노이드라고 하는데, 소피아는 사람과 실시간으로 대화할 수 있고 사람의 감정 중 60개 이상의 감정 표현을 할 수 있다고 합니다.

그러나 소피아가 실제로 사우디아라비아의 시민과 똑같은 권리를 누리거나, 사우디아라비아가 특별히 소피아만을 위한 권리를 따로 마련해 준 것은 아닙니다. 소피아의 시민권 부여는 일종의 이벤트에 가까웠습니다. 사우디아라비아 정부가 그만큼 인공지능 기술 산업에 관심을 기울이고 있다는 것을 보여주려는 의도였지요.

그러나 이대로 인공지능이 발전한다면 언젠가는 지금의 소피아보다 더욱 인간 같은 인공지능이 등장하고, 어쩌면 인간을 능가하는 인공지능이 생겨날 수도 있습니다. 그렇다면 우리는 인공지능에게 시민권을 주는 일, 인공지능과의 관계를 위해 법을 따로 만들어야 할지 진지하게 고려해야 할 수도 있습니다. 정말 인공지능이 우리 사회의 시민이 된다면 어떨까요. 내가 바라는 미래 인공지능의 모습은 어떤 것일까요.

초지능, 인류의 생존을 위협할까?

2022년에서 2023년, 사람들을 가장 놀라게 한 인공지능은 아마 챗GPT(Chat GPT)일 것입니다. 챗GPT는 텍스트, 이미지, 음성, 동영상 등을 만들 수 있는 생성형 인공지능(Generative AI)의 한 종류로, 우리와 대화를 나눌 수 있는 챗봇입니다. 사람과 대화하는 듯한 일상적이고 평범한 말투로 챗GPT에 명령어를 입력하면 그에 맞는 결과물을 내어줍니다. 우리는 챗GPT에게 요청하여 수학 문제를 풀 수도 있고, 글의 개요 작성에도 도움을 받을 수 있습니다. 마이크로소프트의 빙 크리에이티브, Dall-E 같은 이미지 생성 인공지능에 간단한 명령어를 입력하는 것만으로 내가 원하는 그림을 얻을 수도 있습니다.

챗GPT 4가 공개될 때 흥미로운 사건이 있었습니다. 미국의 비영리 단체 '삶의 미래 연구소(Future of Life Institute)'가 인공지능 개발을 최

"당신은 로봇으로는 처음으로 사우디아라비아에서 시민권을 얻게 됐다."라고 소개하자, 소피아는 "사우디아라비아 왕국에 감사드린다. 나는 이 독특한 자격이 매우 영광스럽고 자랑스럽다. 시민으로 인정받는 세계 최초의 로봇이 된 것은 역사적인 일."이라고 말했다.

소 6개월가량 중단하라는 성명서를 발표한 것입니다. 여기에는 세계적으로 유명한 인류학자 유발 하라리, 애플의 공동창업자 스티브 워즈니악, 테슬라의 최고경영자 일론 머스크 등 많은 이들이 함께했습니다.

지금 한창 진행되고 있는 기술 개발을 중단하라는 요청 혹은 요구는 얼핏 보기에 현실성이 없어 보입니다. 하지만 그렇게 주장하는 '이유'에는 분명 현실성이 있습니다. 우리가 앞서 살펴봤던, 인공지능이 발생시키는 문제에 대한 대응이 인공지능의 발전보다 더디기 때문입니다. 이런 속도라면 우리는 제대로 이해하지도 못하고, 어떤 일이 무슨 이유로 발생하는지 설명하지도 못하는 인공지능의 뒤를 빠듯하게 좇아갈 수밖에 없습니다. 그렇다면 우리가 의도한 대로 인공지능을 활용하기란 점차 어려워지겠지요. 성명서는 이런 점을 우려하면서 인공지능의 투명성과 설명 가능성을 높이려는 세계 차원의 노력과 제도적인 장치가 필요다고 주장합니다. 이에 대한 전 지구적 협의가 이루어지고 제도를 마련할 때까지는 인공지능 개발 경쟁을 잠시 중단하자는 것이지요.

2023년 5월 'AI 안전센터'는 인공지능에 의해 인류 전체의 생존이 위험해질 가능성을 진지하게 고려해야 한다는 성명서를 발표합니다. 성명서는 인공지능에 의한 실존적 위험(existential risk)이 팬데믹이나 핵전쟁과 같이 매우 현실적이고 중대한 사회적 위험으로 간주되어야 하며, 전 세계적으로 대응해야 할 우선적 문제라고 주장합니다. 이 성명서에는 챗GPT를 만든 기업의 최고경영자 샘 올트먼, 구글 딥마인드의 최고경영자 데미스 허사비스, 인공지능 딥러닝 연구의 선구자 제프리 힌턴을 비롯한 수백여 명이 서명했습니다. 인공지능이 발전함에 따라 인간이 통제하지 못하는 새로운 사건이 발생할 수도 있다는 우려 때문입니다.

인공지능의 실존적 위험에 대한 걱정의 배경에는 두 가지 이유가 있습니다. 하나는 앞서 말한 것처럼 인공지능의 투명성 및 설명 가능성의 발전 속도가 인공지능 개발 및 활용 속도를 따라가지 못하는 것입니다. 또 하나의 이유로는 '초지능'의 출현이 있습니다. 초지능(Super Intelligence)이란 인간의 지능 수준을 훨씬 뛰어넘는 인공지능을 뜻합니다. 현재로서는 초지능의 등장 가능성이 거의 없다고 말할 수 있지만, 인공지능이 등장한 이래로 초지능에 대한 우려는 꾸준히 있었습니다.

특히 무기 분야에 쓰이는 인공지능에 이러한 문제가 생긴다면 그 위험과 영향력은 엄청나게 커질 수 있습니다. 그래서 2024년 3월에는 세계 각국의 인공지능 전문가와 학자들이 모여 인공지능 시스템을 개발할 때 넘어서는 안 되는 선을 정해야 한다고 논의하기도 했습니다. 인간의 허락 없이 인공지능이 스스로 새로운 시스템을 만드는

특히 무기 분야에 쓰이는 인공지능에 문제가 생긴다면
그 위험과 영향력은 엄청나게 커질 수 있습니다.

것, 인공지능 시스템이 대량 살상 무기를 설계하는 것, 자동으로 사이버 공격을 하는 것 등을 금지하자고 말이지요. SF 작가 아이작 아시모프는 벌써 1950년대에 자신의 소설 《아이, 로봇》에서 '로봇 3원칙(Three Laws of Robotics)'을 제시하며 인간을 능가하는 인공지능에 대한 걱정과 상상을 그려내기도 했습니다. 로봇은 인간을 안전하게 지켜야 하고, 인간의 명령에 복종해야 하며, 앞의 두 원칙에 위배되지 않은 한 자신을 지켜야 한다는 것이었지요.

인공지능을 사람처럼 대우해야 할까?

인류의 지능을 훨씬 뛰어넘는 초지능이 아니라 해도, 인공지능이 우리의 통제를 벗어나서 우리가 예측하거나 수습하지 못할 사고를 일으킬 가능성은 언제나 존재합니다. 〈아이, 로봇〉의 경우처럼 SF 소설이나 영화에서는 인간을 제거하거나 지배하려는 의도 혹은 마음을 지닌 인공지능이 등장합니다. 하지만 마음을 지닌 인공지능은 현재의 기술 수준에서는 아주 먼 이야기일뿐더러 또 다른 가능성을 고려하게 만듭니다. 인공지능이 마음이나 의도를 지닐 수 있다면 반드시 인간에게 적대적이기만 할까요?

우리는 종종 인공지능과 친구가 되고 사랑을 나누는 상상을 합니다. 〈바이센테니얼맨〉, 〈A.I〉, 〈그녀 Her〉와 같은 영화 속에서 인공지능은 인간과 비슷한 형태를 갖춘 기계이거나 인간과 똑같은 모습을 한 휴머노이드 로봇으로 등장해서 사람과 다를 바 없는 감정을 느끼고 관계 맺을 수 있는 대상으로 그려집니다. 사람들은 인공지능에게 애착을 느끼고, 기꺼이 가족이 되며, 사랑을 나눕니다. 말을 하고, 표정을 짓고, 몸짓을 보이는 등 인간과 같은 방식으로 의사소통을 하지요. 인간과 비슷하거나 인간과 똑같은 모습을 하고, 의사소통 방식까지 우리와 같은 인공지능이 있다면 그런 인공지능에게 감정을 느끼고 교류하는 일은 그리 어려울 것 같지 않습니다.

반드시 형태를 갖춘 무엇인가가 아니어도 관계는 가능합니다. 영화 〈그녀 Her〉에 등장하는 인공지능 '사만다'는 휴머노이드 로봇이 아니라 컴퓨터의 윈도우처럼 아무런 형태도 갖추지 않은 컴퓨터 운영체제입니다. 그렇지만 주인공 테오도르의 정보에 따라 설정되고 테오도르와 대화하며 학습함으로써 점차 테오도르의 감정과 말에 인간처럼 반응하게 됩니다. 사만다는 테오도르의 기쁨과 슬픔에 공감하고 그를 위로하면서 곁에 있기를 원합니다. 형체는 없어도 인간과 더불어 감정을 교류하고 있는 것이지요. 언젠가 그런 상황이 실제로 벌어진다면 인공지능을 좋아하거나 미워하는 일도 자연스러워질 것 같기도 합니다.

우리와 완전히 같은 존재가 아니라고 해도, 혹은 우리와 같은 방식으로 의사소통하지 않는다고 해도 충분히 애정을 느끼거나 애착을 가질 수 있습니다. 우리는 이미 인간이 아닌 것과도 감정을 나누며 교류하고 있으니까요. 어떤 사람은 인간 모양의 캐릭터나 인형, 혹은 형체가 없거나 인간 모양이 아닌 사물에 정을 느끼고 소중한 마음의 벗으로 대하기도 합니다. 반려견, 반려묘, 판다나 돌고래 같은 동물의 경우는 말할 것도 없습니다. 어떤 사람들은 아무런 감정을 갖지 않고 표정도 없으며 정해진 반응만 하는 로봇 청소기에게 '호떡이' 같은 이름을 붙여주면서 친구처럼 대하기도 합니다. 인공지능과 관계를 맺기 위해 인공지능에게 반드시 마음이 필요한 것은 아닙니다. 무엇인가를 호의로 대하거나 감정을 쏟기 위해 필요한 것은, 사실 감정을 느끼는 우리의 마음뿐입니다.

우리가 인공지능과의 '관계'를 생각할 때 곧바로 떠올리는 것은 일방적인 애착보다는 반응을 서로 주고받으며 공감하는 '상대'로서의 존재일 것입니다. 그렇다면 미래의 인공지능은 과연 우리를 좋아하거나 사랑을 느낄 수 있을까요. 하지만 좋아하거나 사랑할 수 있다면 그 반대의 경우인 싫어하거나, 미워하거나, 차갑게 대하는 일도 가능하지 않을까요.

인공지능이 우리를 미워하거나 싫어할 수 있다면 아무래도 우리는 그런 인공지능을 가까이 하거나 믿기 힘들어질지 모릅니다. 인간에게 호의를 갖고, 인간을 적대시하지 않으며, 인간의 뜻을 무엇보다 우선하는 인공지능을 애초부터 만들려고 할 것 같습니다. 하지만 그 전에 몇 가지 생각할 문제가 있습니다. '만들어진 호의'는 '진짜 호의' 일까요? 호의를 포함한 그 '감정'이라는 것은 정확히 어떤 것일까요? 마음이 먼저 있어야 감정도 생겨날 수 있는 것일까요, 아니면 감정을 입력하고 학습시키면 감정을 가진 인공지능이 생겨나는 것일까요? 그 감정은 인간의 감정과 똑같을까요?

꼬리에 꼬리를 무는 질문은 우리를 자연스럽게 가장 어려운 물음으로 이끕니다. 과연 인간의 감정이라는 것은 무엇이며, 우리는 마음이라는 것에 대해 얼마나 알고 있나요? 그러므로 우리가 생각하는 인간관계인 '쌍방향적 관계'를 인공지능에게도 원한다면, 우리는 인공지능에 대한 고민만큼이나 인간 자체에 대한 고민과 탐구를 선행하거나 적어도 병행해야만 합니다.

우리가 정말 '인간관계가 가능한' 인공지능을 원하는지도 분명히 물을 수 있어야 합니다. 인간관계를 맺고 가꾸는 일은 어렵습니다. 인간관계는 내 마음대로 통제하거나 처리할 수 있는 것이 아니기 때문입니다. 상대방은 자기 나름의 생각과 뜻이 있기에 나와는 다르게 생각하고 느낄 수 있습니다. 그래서 처음에는 잘 만나다가도 나중에는 사이가 틀어질 수 있고, 첫인상은 별로였는데 싸우고 부딪히면서 점점 서로를 좋아하게 될 수도 있습니다. 이처럼 '관계'라는 것은 예측할 수 없이 계속해서 움직이며 서로의 노력으로 새롭게 만들어 가는 것입니다. 상대방이 나와 동등한 사람이라는 생각, 그래서 나와 다르게 생각하거나 느낄 수 있는 자유가 있다는 사실을 인정해야 관계는 지속될 수 있습니다. 어쩌면 우리는 서로 노력하여 맞추어가는 관계, 내 뜻대로만 되지 않는 진짜 관계가 힘들어서 인공지능과의 관계를 바라는 것일지도 모릅니다. 그럴 때 우리가 기대하는 것은 내 뜻을 거스르지 않고 명령대로 움직이는 '맞춤형 기기'와의 관계입니다. 그런 것을 진짜 사랑이나 우정이라고 할 수는 없겠지요.

　　인간 같은 감정을 느끼지 않는 인공지능, 마음이 없는 인공지능은 어떻게 대하든 상관없는지도 생각해 봐야 할 문제입니다. 2015년 2월, 미국의 기업 보스톤 다이내믹스에서는 4족 보행 로봇 '스팟(spot)'에 관한 동영상을 공개합니다. 이 영상은 스팟이 외부로부터의 충격에도 고장 나거나 쓰러지지 않고 잘 움직일 수 있다는 것을 증명하기 위해 계속해서 발로 차는 모습을 보여줍니다. 그런데 발에 차이면서도 다시 균형을 잡으려고 애쓰는 스팟의 행동이 마치 인간의 발길질로부터 자신을 보호하려는 개의 모습처럼 비쳤습니다. 그래서 많은 사람들이 '스팟을 발로 차는 것은 부당하다', '스팟이 불쌍하다'는 의견을 제시했습니다. 반대로 '스팟은 그저 기계일 뿐, 기계에게 동정심을 갖는 것은 불필요하다'는 의견도 있었습니다.

발에 차이면서도 다시 균형을 잡으려고 애쓰는 스팟의 행동이
마치 인간의 발길질로부터 자신을 보호하려는 개의 모습처럼 비쳤습니다.

여러분은 어떻게 생각하나요. 실제로는 고통을 느끼지 않지만 겉으로는 고통을 느끼는 것처럼 보이므로, 스팟을 발로 차는 행동을 해선 안 되는 걸까요? 어차피 인간이 아니니까 인간처럼 대우할 필요는 없는 걸까요? 그렇다면 아주 약한 정도라고 하더라도 고통을 느낄 수 있는 인공지능에게 그렇게 대하는 것은 괜찮을까요? 미래의 인공지능이 고통을 느낄 수 있거나 마음을 갖게 된다면 어쩌지요? 어디까지는 괜찮고 어디서부터는 문제가 되는 걸까요? 이런 물음들은 우리가 인간이 아닌 다른 모든 것을 대할 때도 세심하게 살피며 생각해야 할 문제가 많다는 사실을 보여줍니다. 무엇인가를 적절하게 대한다는 것은 '여기까지는 전부 허용하고, 여기서부터는 전부 안 된다'고 딱 잘라 말할 수 있는 문제가 아닙니다. 상황과 맥락에 따라 적절하게 대하는 태도가 무엇인지 깊이 생각할 필요가 있다는 것입니다.

상대가 인간이든 인간이 아니든, 내가 무언가를 대할 때의 태도나 행동은 상대가 아닌 나 자신의 마음을 보여줍니다. 중요한 것은 우리 자신의 마음과 의도입니다. '기계가 충격에도 안전한지 확인하기 위해 실험한다'는 것과 '인간이 아니라면 마음대로 충격을 줘도 좋다'는 것은 완전히 다른 입장입니다. 18세기 독일의 철학자 칸트는 인간이 동물을 대하는 적절한 방식을 논하면서, 중요한 것은 상대가 누구인지가 아니라 내가 인간답게 행동하는 것이라고 말합니다. 나에게 아무런 위해를 가하지 않은 존재에게, 내가 그렇게 하고 싶다는 이유만으로 충격을 주는 것은 과연 인간다운 행동이고 마음일까요? 내가 아닌 다른 존재를 어떻게 대하면 좋을지 생각하는 일은 자연스럽게 인간다움이 무엇인지에 대해서도 함께 고민하게 합니다.

미래의 인공지능, 우리의 상상이 중요해

사람들은 기술에 대한 태도 측면에서 인공지능과의 관계를 크게 세 가지로 상상합니다. 첫째, 인공지능이 인간과 다르기에 불러올 수 있는 위험을 경계해야 한다는 주장입니다. 둘째, 인공지능이 인간과 거의 비슷해질 것으로 믿고 인간과 맺은 관계를 인공지능과도 반복할 수 있다는 입장입니다. 셋째, 인공지능은 그저 인간이 사용하는 도구일 뿐 그 이상도 그 이하도 아니라는 생각입니다. 이들은 모두 곱씹어 볼 만한 가치가 있지만 몇 가지 함정도 있습니다.

인간과 다르기에 위험할 수 있다는 입장은, 새로운 기술에 수동적으로 뒤따른다는 인상을 주기 쉽습니다. 그러나 인공지능을 만드는 주체는 인간입니다. 인공지능은 어느 날 갑자기 외계에서 날아온 무언가가 아닙니다. 인간의 연구에 의해 생겨나고 만들어진 기술입니다. 그래서 인공지능이 우리에게 위험한 존재가 되지 않기 위해서는 인간의 적극적인 노력이 필요합니다. 기술의 목적, 쓰임새, 부작용과 위험 등을 사전에 철저히 검토하여 어떤 인공지능을 어떤 식으로 만들지를 고민해야 합니다. 20세기 철학자 한스 요나스는 새로운 기술을 만들거나 사용하려 할 때 그 기술이 미래 세대와 지구 생태계의 존재에 위협이 되지 않는지 반드시 고려하라고 조언합니다.

둘째, 인공지능이 인간과 거의 같아져야만 우리는 인공지능과 좋은 관계를 맺을 수 있을까요? 이미 우리는 동물과 식물, 산과 강, 지구의 공기와 미생물 같은 다양한 존재들과 관계를 맺으며 더불어 살아가고 있습니다. 인공지능과 맺는 '관계'가 반드시 인간관계와 비슷한 것일 필요는 없습니다. 예를 들어 인공지능이 마음이나 감정을 가질 수 있다고 하더라도 그것이 반드시 인간과 같아야 한다는 법은 없습니다. 인간에게는 인간 나름의 마음이 있고 강아지나 고양이에게는 그들 나름의 마음이 있듯이, 인공지능에게는 인공지능 나름의 마음이 생길지도 모르지요. 오히려 인간과는 다른 존재라는 것을 확실하게 알고 인정하는 것이 인공지능과 좋은 관계를 맺기 위한 열쇠가 될지도 모릅니다.

세 번째 입장에 대해 생각해 볼까요? 기술은 인간이 활용할 수 있는 도구 가운데 하나입니다. 그러나 오늘날 기술은 더 이상 '도구'로만 말하기가 어려워졌습니다. 도구는 목적을 이루기 위한 수단이나 방법입니다. 예를 들어 벽에 액자를 걸려는 목적을 위해 못과 망치라는 도구가 필요합니다. 당연히 우리가 다룰 수 있어야 하지요. 하지만 오늘날의 기술은 도구라기보다는 '환경'에 더 가깝습니다. 우리가 원하든 원하지 않든 이미 전기와 인터넷이 널리 보급되어 있듯이, 우리가 뭘 하려고 하든 생활 속 다양한 기술들의 영향을 받습니다. 우리가 지구 환경을 도구인 듯 마음대로 쓰고 부릴 수 없듯이, 오늘날의 기술은 그 복잡성과 거대한 규모로 인해 우리가 다루지 못하는 경우가 대부분입니다. 앞으로 인공지능 기술의 활용도가 높아지고 다변화될수록 우리에게 더 많은 영향을 끼칠 것이 분명합니다.

그러나 인간의 존재와 행동에 의해 환경은 변해갑니다. 우리가 잘 아는 지구 환경의 변화처럼요. 그러므로 중요한 것은 지금 우리가 인공지능을 어떻게 만들고 활용하느냐로 다시 귀결됩니다. '컴퓨터도 생각할 수 있을까?'라는 질문과 상상으로 인공지능이 탄생한 것처럼 미래의 인공지능도 우리가 무엇을 고민하고 어떻게 상상하는지에 따라 새로운 모습으로 태어납니다. 어떤 사람은 어려운 업무를 대신해줄 인공지능을 원합니다. 여가시간을 충분히 확보해서 삶의 여유를 즐기고 싶어서입니다. 미세 먼지를 분해하는 인공지능을 상상하는 사람도 있습니다. 깨끗한 환경에서 살고 싶기 때문입니다.

여러분이 꿈꾸는 인공지능의 모습은 어떤 것이고 그걸 바라는 이유는 뭔가요. 여러분은 어떤 사람이 되어 어떻게 살아가고 싶나요.

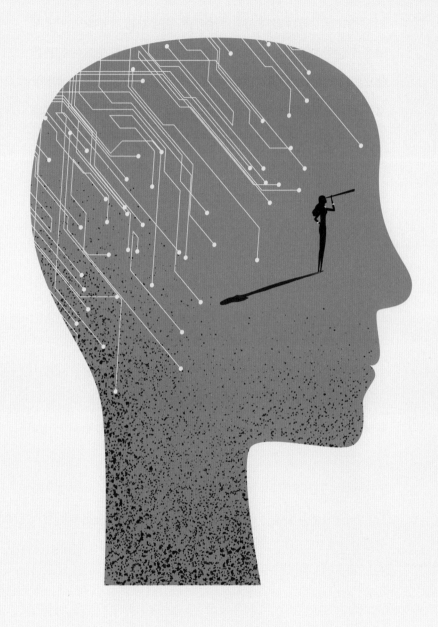

여러분이 생각하는 삶과 사회가 충분히 가치 있는 것이라면, 인공지능은 단순한 기술이 아니라 그런 삶과 사회를 현실로 만드는 든든한 친구이자 동반자가 될 것입니다. 미래의 인공지능에 대한 우리의 상상이 우리의 내일을 만들어 갑니다.

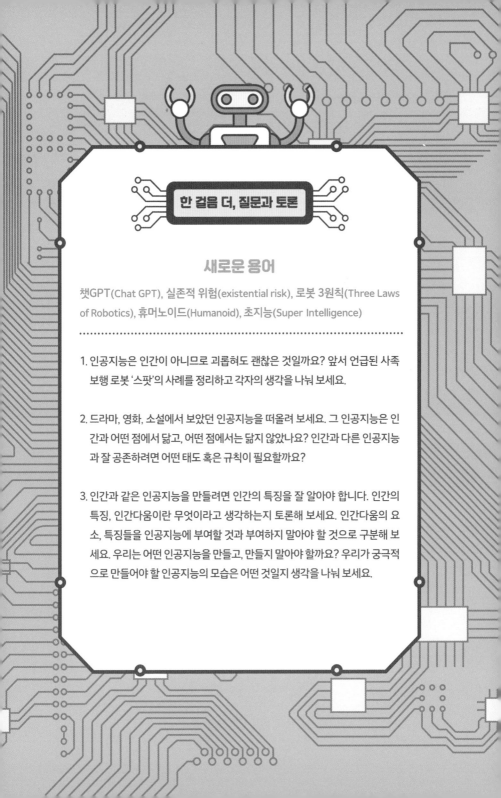

한 걸음 더, 질문과 토론

새로운 용어

챗GPT(Chat GPT), 실존적 위험(existential risk), 로봇 3원칙(Three Laws of Robotics), 휴머노이드(Humanoid), 초지능(Super Intelligence)

1. 인공지능은 인간이 아니므로 괴롭혀도 괜찮은 것일까요? 앞서 언급된 사족 보행 로봇 '스팟'의 사례를 정리하고 각자의 생각을 나눠 보세요.

2. 드라마, 영화, 소설에서 보았던 인공지능을 떠올려 보세요. 그 인공지능은 인간과 어떤 점에서 닮고, 어떤 점에서는 닮지 않았나요? 인간과 다른 인공지능과 잘 공존하려면 어떤 태도 혹은 규칙이 필요할까요?

3. 인간과 같은 인공지능을 만들려면 인간의 특징을 잘 알아야 합니다. 인간의 특징, 인간다움이란 무엇이라고 생각하는지 토론해 보세요. 인간다움의 요소, 특징들을 인공지능에 부여할 것과 부여하지 말아야 할 것으로 구분해 보세요. 우리는 어떤 인공지능을 만들고, 만들지 말아야 할까요? 우리가 궁극적으로 만들어야 할 인공지능의 모습은 어떤 것일지 생각을 나눠 보세요.